니일의 교육사상

니일의 교육사상

초판인쇄 : 1995년 12월 25일
개정판 발행 : 2020년 6월 20일

지은이 : A. S 니일
옮긴이 : 김은산
펴낸이 : 김진남
펴낸곳 : 배영사

등록 : 제2017-000003호
주소 : 경기도 고양시 일산서구 구산동 1-1
전화 : 031-924-0479
팩스 : 031-921-0442
이메일 : baeyoungsa3467@naver.com
ISBN : 979-11-89948-06-1

니일의 교육사상

A. S. 니일 저 | 김은산 역

배영사

니일은 20세기의 가장 급진적인 교육사상가의 한 사람이다. 그의 사상은 매우 독특하고 혁명적인 것이어서 학자들 간에 격렬한 논쟁을 불러일으켰고 세상의 부모들에게는 커다란 충격을 주었다.

통제와 억압이 주(主)인 권위주의적 교육에 반대하여 철저한 자유교육을 주창한 그는 1921년 영국에 서머힐이라는 실험학교를 세워, 1973년 90세를 일기로 작고하기까지 50여 년 간 자기의 교육사상을 실천에 옮겼다. 1960년대부터는 1년이면 2천여 명의 참관객들이 세계 각국으로부터 이 학교를 찾아왔다.

저자는 8년 전인 1972년에, 일본의 니일 연구가인 시모다 교수의 저서인 '니일의 사상과 교육'을 번역 출판한 바 있다. 당시만 해도 니일의 교육사상은 우리 나라에서 거의 주목을 끌지 못하고 있었다. 그러나 그 후 차츰 우리 나라 교육학계에서도 니일에 대한 관심이 높아지고 최근에는 그의 주저인 '서머힐'

이 번역되어 일반 독자들에게까지 소개된 것은 크게 기쁜 일이 아닐 수 없다.

이 책은 니일의 교육사상과 그의 교육실험인 서머힐 학교, 그리고 그의 사상의 교육사적인 위치를 소개하기 위하여 쓰여진 것이다. 이 책이 독자들의 니일 이해에 조금이나마 도움이 되고 우리나라 교육개선에 참고자료가 된다면 저자로서 더 이상의 기쁨이 없겠다.

이 책이 나올 수 있도록 끊임없는 격려와 도움을 주신 은사 오천석 박사님께 깊은 감사를 드리는 바이다. 또한 니일 사후의 서머힐의 근황을 알려주고 자료를 보내주는 등 친절한 도움을 준 미망인 이이나 니일(Ena Neill) 부인을 위시하여, 니일을 아는 계기를 마련해 주고, 자료수집에 협조를 아끼지 않으신 이숙례 박사님, 김정환 박사님, 백현기 박사님, 안인희 박사님, 일본 히로시마 대학의 우마고시 교수에게도 심심한 감사를 드린다.

끝으로 이 책의 출판을 쾌히 맡아주신 배영사 직원 여러분의 노고에 또한 감사를 드리는 바이다.

−역자

오늘날 교육에 대한 도전은 그 어느 시대보다도 훨씬 세차다. 이른바 과과외(過課外) 열풍이 태풍처럼 엄습한 후, 비로소 교육의 정상화를 모색하기 시작한 우리나라는 말할 것도 없고, 세계적으로 볼 때에도 20세기 후반의 위기적 상황은 현재의 교육을 전반적으로 재검토하지 않을 수 없는 상태로 몰아넣고 있다.

지난 19세기 말부터 20세기 초에 이르는 동안, 교육의 중심 과제는 전통적 교육으로부터의 탈피에 있었다. 그리하여 꽃을 피운 진보적 교육운동은 특히 미국에서 교육의 지배적 원리가 되었으며, 1930년대 말까지 훌륭한 역사적 사명을 다하였다. 그것은 종래의 전통적 · 형식주의적인 교육으로부터 진보적 · 실용적 교육에로의 접근이었다. 그러나 진보적 교육사상은 얼마 안 되어서 강력한 비판에 봉착했다. 그 대표적인 예가 동서 냉전이 절정에 달했던 1957년 러시아의 스푸트니크 발사로 인한 미국 진보주의 교육의 타격이었다. 시련의 첫째는 진보주의 교육은 이미 시대적 요청에 부응하지 못하는 교육이라는 것이고, 둘째는 진보주의 교육사상의 기초를 이루고 있는 인간관에 대한 근본적인 비판에서 비롯되었다. 후자의 경우는 인간성에 대한 낙관적 견해를 부정하고, 인간의 잔인성과 인간성의 내적 갈등에 주목한 유럽 대륙의 실존주의사상이 그 한 예이다.

그리고 20세기 후반에 들어와 고도의 물질문명에서 비롯된 인간생활의 편의와 풍요, 그리고 무한 번영에의 기대는 1960년대를 고비로 서서히 무너지기 시작했다. 이러한 회의와 좌절감은 1970년대, 특히 세계적인 석유파동을 계기로 파국의 모습으로 나타났다. 2차 대전 이래 일찍이 없었던 경제적 혼란과 이로 인한 정치적·사회적 긴장과 분쟁은 지금까지 굳게 믿었던 민주주의 사회체제의 기반까지를 뒤흔든 위기를 조성했다. 인류는 세계가 바야흐로 어느 쪽으로 가고 있는지, 방향조차 확실하지 않은 하나의 전환기를 맞이했다. 여기에다 인구·공해·빈곤·자원·전쟁·테러·독재·혁명·인권문제 등 각종의 시대적 과제는 인류의 미래에 대하여 한층 불안감을 더해 주고 있다. 안정된 문화가 불안정한 문화로 급속히 이행하는 이러한 시대적 상황 아래서 교육은 인간의 문제와 함께 새로운 심각한 문제로 등장했다.

애커만이 지적한 대로 "무엇을 위한 교육이냐, 다시 말하면 어떤 과제를 향한 교육이냐, 어떤 종류의 인간, 어떤 종류의 사회를 목표로 한 교육이냐'하는 문제가 제기되었다.

교육계의 논쟁은 사회의 여러 문제와 분리해서 생각할 수 없으며 대학에서의 젊은이들의 불안과 항거 또한 마찬가지이다. 이러한 기운은 위에서 아래로 점차 감염되고 있다. 이 같은 현대의 혼란은 "어떠한 사회를 지향하는 교육이냐'하는 과제의 결정적 중요성을 반증하고 있다.

니일의 사상과 실천은 이러한 근본적인 문제들에 대한 해답의 하나로 제시된 것이다. 니일은 "어린이들에 대한 철저한 자유에 입각한 교육이야말로 증오와 공포에 찬 오늘날의 이 병든 세계를 구하는 유일한 길이다'라고 주장했다. 다시 말하면 "자유에 입각한 교육이 세계를 구하는 길"이라는 명제이다. 따라서 니일은 인간의 본성은 선하며, 교육의 목적은 행복에 있고 지식보다도 감정이 중요하다고 주장했다. 그는 또 훈련과 억압 대신 이해와 사랑으로 아동을 대해야 하며, 아동에 대한 자유에는 행동의 자유는 물론 학습의 자유와 성적(性的) 자유까지도 포함시켜야 한다고 주장했다.

니일의 이러한 인간교육 사상은 일찍이 어느 교육사상가에게서도 보지 못했던 격렬한 논쟁을 불러일으켰다. 그러함에도 불구하고 최근까지 그에 관한 체계적인 연구나 학문적 입장에서의 논의는 비교적 덜 돼 있는 편이다. 그 이유는, ① 니일이 1973년 작고하기까지 현존 인물이었다는 점, ② 니일 자신도 말했다시피 그는 이론가라기보다는 실천가였다는 점, ③ 그의 사상과 저서들은 체계적이라기보다는 그의 경험에서 우러나온 직관적이고 사색적인 것이었다는 점 등이 지적될 수 있다.

그러나 니일에 대한 체계적인 연구가 현재까지 비교적 덜 돼 있다고 해서 그가 무명의 교육사상가였다는 뜻은 결코 아니다. 사실은 그와 정반대로 니일의 저서 "서머힐"은 미국과 서독에서 베스트 셀러가 됐고, 세계10여 개 국어로 번역되었으며, 미국에서만 최소한 6백 개 대학에서 필독서가 되었다. 말하자면 그는 학문적으로보다 오히려 일반에게 훨씬 더 인기가 있었던 교육사상가였다고 할 것이다. 이 때문에 어떤 의미에서 니일은 그의 대중적 인기가 도리어 그에 대한 학계의 관심을 높이게 한 경우라고 할 수 있다.

니일과 그의 서머힐 학교는 근년까지 주로 교육사의 아동심리학의 분야에서 20세기 초의 실험교육 운동에 대한 연구의 일환으로서 검토대상이 되어 왔다. 니일은 영국의 선구적인 실험학교 운동가로서, 세실 레디, 호머 레인, 버트란드 러셀 등과 함께 취급되었으며, 그의 서머힐 학교는 레디의 애보트호움, 레인의 더 리틀 커먼웰즈, 러셀의 비이콘 힐 등의 학교에 이어 1920년대에 생겨난 것으로 간단히 언급되는 정도였다.

니일을 러셀, 레인, 킬패트릭과 함께 4대 진보적 교육사상가로 규정하고, 니일의 사상을 나머지 세 사람의 그것과 대조 분석한 사람은 페리였다. 그러나 페리는 니일 개인에 관한 연구로서보다는 니일의 저서의 중요내용을 발췌하여 소개하는 데 그쳤다고 보아야 할 것이다. 이 밖에도 교육사상사를 다루는 가운데서 니일을 간단히 언급한 사람은 더러 보이지만, 근년에 이르기까지 본격적인 연구라고 할 만한 전문연구소로서 알려진 것은 없다. 덴마크의 교육자인 삐야느 세계표오드가 쓴 "서머힐 일기" 같은 인상기가 더러 있을 뿐이다. 전통적 교육사상가들은 최근까지 니일을 외면하거나 의식적으로 무시하기까지 하는 경향도 없지 않았다. 다만 프롬은 니일의 대표적 저서인 "서머힐"이 미국에서 발간될 때 이 책의 서문을 맡아, 니일의 사상을 분석 논평함으로써 그에 대한 새로운 평가를 가져오게 하는 데 공헌했다.

니일에 대한 새로운 차원에서의 본격적인 연구는 1970년대

초에 미국에서 시작됐다.

그것은 미국에서 니일에 대한 관심이 60년대 후반부터 높아지자 하아트 출판사가 "서머힐—그 찬반론"을 출판한 것이 계기가 됐다. 여기서는 프롬을 비롯한 15명의 학자·교육자 들이 니일의 사상을 분석하고 평가함으로써 니일에 관한 최초의 본격적 연구서가 되었다.

가까운 일본에서는 니일의 사상이 일찍부터 관심을 모아 그의 저서가 거의 소개됐다. 이 작업은 전적이라고 말해도 좋을 만큼 고(故) 시모다 세이시 한 사람에 의해 이루어졌다. 본 저자의 스승이기도 한 시모다 교수는 세계의 어떤 외국학자보다도 빠르게 이미 1931년부터 니일의 저서를 차례로 번역소개하였으며, "니일의 사상과 교육" "니일전"이 라는 자신의 저서도 냈다. 시모다는 일찍이 서머힐 학교 설립 직후인 1922년에 니일의 첫 저서인 "교사의 수기"를 읽고 감명을 받아, 계속 니일에 관심을 가졌다. 그는 1928년과 1958년 두 차례 서머힐을 방문한 바 있고, 재정적 지원도 했다. 니일의 저서에서도 여러 차례 그의 이름이 언급될 정도로 그는 니일의 연구가인 동시에 동지로서 세계에서 몇 사람 안되는 니일 연구의 선구자였다. 시모다는 또한 1933년 도쿄 교외의 자기 집에다 "어린이의 집"을 개설, 교육상담을 시작했고, 1937년에는 "아동문제연구소"를 설립, 월례 연구회를 개최하는 등 평생을 니일 연구에 바쳤다. 그러나 유감스러운 것은 그의 연구는 주로 소개에 그치고 분석적·비판적 입장이 결여 되었다는 점이다.

이상과 같이 니일에 관한 학문적·체계적 연구는 유럽과 미국학계에서조차 겨우 본격화단계이고 더욱이 한국에서는 거의 황무지나 다름없는 상태이다. 그리하여 저자는 이 책에서 니일의 교육사상에 대한 체계적 해명과 그의 서머힐 학교에 대한 분석적 고찰, 그리고 니일에 대한 교육사적 위치설정을 종합적으로 시도해 보고자 한다.

니일은 "서양에서는 아무도 그와 비길 수 없는 교육자 페스탈로치와 콜드웰 쿠우크와 함께 가장 위대한 교육개혁가" 였으며 그의 저서는 "성스러운 책"이고, 서머힐 학교는 "성스러운 장소"라는 찬사를 받았다. 그런가 하면 또 한편으로는 니일은 "교육 돌파리의사"이며 "교육매춘업자"이고 "나의 아이를 서머힐 학교에 보낼 바에는 차라리 매춘굴에 보내겠다"라고 까지 표현한 혹평을 듣기도 했다. 또 뉘앙스는 다르지만 "서머힐 학교는 학교가 아니고 종교"라는 비판도 있었다. 이처럼 니일에 대한 평가는 다양하며 그의 사상과 이론은 세계도처에서 논란의 대상이 되어 있다.

앞으로 세계적으로 니일에 대한 체계적이고 본격적인 많은 연구가 나오리라고 본다. 저자는 본서에서 이처럼 격렬한 논의의 대상이 된 니일의 사상과 교육철학은 무엇인가? 오늘날과 같이 변화무쌍한 시대에서 그의 사상과 교육원리는 타당한가? 우리는 그를 어떻게 볼 것인가? 등의 관점에서 이미 20세기의 고전이 된 그의 사상을 분석하고 그 현대적 의의를 찾아보고자 한다.

제1장
생애와 사상

생 애

가계(家系)와 어린 시절

　모든 인물은 그 시대적 산물이다. 니일이 태어나 어린 시절을 보내고 교육을 받았던 19세기 말에서 20세기 초까지의 세계는, 서구 열강들이 저마다 앞을 다투어 부국강병책(富國强兵策)을 쓰면서, 지구의 도처에서 식민지쟁탈에 혈안이 되어 대립 항쟁하던 시기였다. 그래서 그는 제1차 세계대전과 제2차 대전을 청장년 기에 겪었고 노년기에는 월남전을 보았다.

　니일이 서머힐 학교를 처음 세울 무렵의 영국 사회의 생활양식은 청교도적인 완고한 가치기준과 빅토리아조(朝)의 귀족주의적 사회풍습에 젖어 있었다.

　알렉산더 수더랜드 니일은 1883년 10월 17일 영국 스코틀랜드의 에든버러시 북방 동해안지방인 포오파 읍에서 태어났다. 그의 가문인 맥니일가(家)는 원래 스코틀랜드 서해상에 있는 바라 섬에서 스코틀랜드로 이주해 와서 찰즈공을 섬겼다. 1740년 대에 맥니일 가는 에든버러 근처의 트라넌트 읍에 정착하여 광부 집안이 되었다.

니일의 조부 윌리엄 맥니일은 오랫동안 탄광에서 일하다가 니일이 철들 무렵에는 광부 일을 그만두고 에든버러로 와서 생선가게를 차렸다. 할아버지는 따로 살던 니일의 집에 가끔 들렸는데, 니일의 회상에 의하면 할아버지는 키가 크고 얼굴이 잘 생겼으며 손가락이 길고 손이 고와 품위 있는 인상을 주는 사람이었다. 할아버지는 바이올린 만들기가 취미여서 작은 칼 한 자루로 훌륭한 바이올린이나 가구를 곧잘 만들었다.

니일은 할아버지의 새 면도칼로 연필을 깎으려다가 할아버지 로부터 크게 야단맞은 적도 있어서 그는 할아버지를 무서워했다. 니일의 아버지 조오지 니일 역시 어른이 되어서까지도 할아버지를 퍽 두려워했다.

니일의 삼촌들은 모두 광부가 됐으나, 아버지만은 몸이 약하고 공부도 잘해 결국 교사가 됐다. 니일의 아버지는 자기 성(姓)에서 맥(Mac)이란 글자를 떼어 버렸는데, 그 이유는 니일 자신도 모른다고 자서전에서 밝히고 있다.

아버지는 누구와도 이야기를 잘 안 했고, 술·담배도 하지 않았으며 지극히 검약하는 사람이었다. 그는 아이들을 좋아하지 않아서 야단을 치거나 매를 때리는 일도 있었다. 니일은 어려서 아버지를 퍽 무서워했다. 니일이 아버지를 무서워하고, 다음에서 이야기하듯이 어머니를 속물근성(俗物根性)이 많은 여자라고 어느 의미에서 경멸한 것은, 니일의 인간형성과 훗날 그의 부모관에 대해 결정적인 영향을 주었다고 볼 수 있다.

니일의 어머니 메리 수더랜드는 결혼 전에 에든버러 근처인 레이드 읍의 학교에서 아버지와 함께 근무한 적이 있었다. 이것이 인연이 되어 두 사람은 결혼했다. 니일의 외할아버지는 부두 노동자였고 외할머니는 처녀 때 가정부였다. 외할머니는 원래 괜찮은 농가의 딸이었으나 집안 식구들이 결핵으로 그녀만을 남기고 모두 병사해 버리자 살길이 없어 가정부가 되었었다. 그러나 결혼 후 외할아버지가 부두에서 일하다가 사고로 익사함으로써 할머니는 다시 세탁부로 취직하여 생계를 꾸리면서 자녀들을 양육했다. 이러한 어려운 형편 속에서도 니일의 외할머니는 외동딸인 니일의 어머니를 교육시켜 교사가 되게 했다. 이런 가정환경에서 자란 니일의 어머니였으므로 그녀는 결혼 후, 자기 집안이 사회적으로 높은 지위에 있는 것으로 보이기를 간절히 바랐다. 그래서 그녀는 자기 자녀들에게 아주 엄격하게 대했다. 니일은 어머니에 대해 "그녀는 속물이었으며 우리들도 속물을 만들었다"고 회상했다.

니일은 많은 형제자매와 함께 자랐다. 그의 형제자매는 모두 12명인데 그의 어머니는 사산한 아이 하나까지 합하면 13명을 낳은 셈이다. 12명 중 4명은 니일이 어릴 때 죽고 결국 4남 4녀가 제대로 자라났다. 니일은 3남으로 그의 두 형은 후에 목사와 의사가 되었다.

이처럼 니일의 집안과 외가집이 다 같이 가난했기 때문에 그의 아버지의 형제나 어머니의 형제들은 교양이 없고 심한 사투리를 썼다. 어머니의 영향도 있어 니일은 점차로 이들 친척들이 자기보다 하층 계급이라는 것을 알게 됐고 가난한 친척들을 가진 데 대한 열등감을 갖기 시작했었다고 회상했다. 니일의 어머니는 되도록 친척들을 멀리했다. 그의 어머니는 체면을 중시하여 니일의 할아버지가 웃옷에 칼라를 달지 않고 검은 목수건을 하고 다니는 데 대해 낮은 신분의 표시라고 자주 불평을 했다. 니일의 어머니는 또한 남의 집 아이들이 모두 맨발로 다니는 무더운 여름철에도 니일 형제들에게는 반드시 양말과 구두를 신도록 했다. 그리고 그녀의 세탁 솜씨는 훌륭해서 언제나 모든 식구에게 깨끗한 옷을 입혔다. 형제들이 밖에서 사투리를 쓰다가도 집에 들어와서는 반드시 표준어를 써야만 했다.

어린 니일 형제들의 불평은 다른 아이들처럼 밖에서 일하는 것이 허용되지 않았던 점이다. 감자 추수철이 되면 다른 동리 아이들이 밭에 나가 감자를 거두어들이고, 딸기 철에는 모두 딸기를 따러 가는데 귀족주의적인 니일 가의 아이들은 그런 "천한 일"을 해서는 안 되는 것이었다. 이런 어머니의 태도는 아버지에게 대해서도 마찬가지였다. 술·담배도 하지 않고 아무 취미도 안 가진 아버지가 단 한번 동리사람들과 어울려 쇠고리 던지기 놀이를 하려고 했을 때, 어머니가 단호히 반대했다. "여보, 당신의 신분을 좀 생각하세요. 소작인이나 철도 노동자와 함께 놀 정도로까지 신분을 떨어뜨려서야 되겠어요?" 라고 했다는 것이다.

니일의 어머니는 아이들이 남에게서 돈이나 먹을 것을 받는 것도 단호히 금했다. 이런 일은 자기 가족이 사회의 가장 낮은 계층에 속함을 의미한다고 생각했기 때문이다.

한 번은 니일이 맛있는 음식을 누가 주었으나 거절했노라고 의기양양해서 어머니께 와서 말하자 어머니는 웃음을 띠면서 참 착한 아이라고 칭찬을 하고는 "물론 너는 배가 고프지 않다고 말했겠지?"하고 물었다. 그러나 니일은 "아니에요.〈고맙습니다만 우리 엄마가 그런 것 남에게서 받으면 나쁘다고 말씀하셨어요〉라고 말했지요"하고 대답하자 어머니는 그의 엉덩이를 손바닥으로 여러 차례 세차게 때렸다고 한다.

니일은 어려서 바로 손아래인 여동생 클러니와 가장 친하게 지냈는데, 어려서 한번은 자기들의 서로 다른 성기(性器)를 발견하고 놀다가 어머니에게 호되게 매를 맞았다. 그일 이후 니일은 성은 불결하고 나쁘다는 생각을 갖게 되었으며, 이러한 생각은 오래도록 그에게 붙어 다녀, 자연스럽고 행복한 성생활 영위에 방해가 되었다고 그는 훗날 술회했다. 또 이 일을 계기로 이루어진 여동생 클러니에 대한 심리적 고착상태는, 그녀가 34세에 폐렴으로 세상을 떠날 때까지 오래도록 그로 하여금 벗어나지 못하게 했다고 한다.

이러한 니일의 어릴 때의 경험들이 훗날 그로 하여금 부모들의 허세와 지나친 청결, 또는 성적인 것에 대한 죄악시 등이 아이들의 생활을 얼마나 고통스럽고 불행하게 하며 손상시키는지 모른다고 강조하게 했다. 또한 어린이는 야만인으로 어린 시절에는 이러한 원시적인 생활의 욕망을 충분히 충족시킬 수 있는 자유가 허용되어야 한다고 주장하게 한 계기가 된 것으로 보인다.

서머힐 학교가 아이들의 옷 입는 일, 방 치우는 일 등에 아무 간섭도 하지 않고, 나무에 올라가거나 흙구덩이를 파며 놀거나 마음껏 하도록 허용하고 있는 것도 니일 자신의 어린 날의 경험들과 관계가 없지 않은 것으로 생각된다.

또한 니일이 평소에 좀처럼 넥타이를 매는 일 없이 늘 편한 옷차림을 했고, 여름철에는 서머힐의 아이들과 교직원들까지도 윗도리를 벗고 지내는 등 자유로운 생활을 허용한 점은 어린 날의 그 자신의 억압된 욕망과 무관한 것 같지 않다.

어린 시절의 니일에게 어머니 못지않게 영향을 준 사람은 그의 외할머니였다. 그의 외할머니는 니일이 14세가 될 때까지 그의 집에서 함께 살다 세상을 떠났는데, 니일 형제들 가운데서도 니일을 가장 사랑했다. 독실한 청교도신자였던 외할머니는 신앙심이 깊어서 늘 성경을 읽고 있었으며, 어릴 적에 9마일이나 되는 거리를 매주일 걸어서 교회에 다닌 일을 늘 자랑삼고 있었다. 외할머니의 신앙은 단순해서 완전히 맹목적이었다.

니일이 7세일 때 "변태새끼"라는 욕설을 배워오자 외할머니는 니일에게 무릎을 꿇게 하고 하느님께 용서를 빌게 했다. 외할머니는 결국 죄와 지옥에 대한 공포심을 어린 니일에게 심어주었다.

여동생 클러니는 평소에 철저한 무신론자였으나 34세 때 폐렴으로 죽게 되자, 마지막 숨을 거두기 직전에 어렸을 때 외웠던 기도문을 외우면서 자기의 영혼을 구해 달라고 하느님께 애원했다. 니일은 이 광경을 보고 이때부터 심리학자들이 설명하듯 어려서의 감정이 일생 동안 사라지지 않는다는 것을 믿게 되었다고 술회했다.

일요일이 니일 가의 아이들에게는 싫은 날이었다. 풀이 빳빳하게 먹여진 목의 칼라와 커프스 버튼을 단 거북한 옷을 차려입고, 머리에 기름을 바르고 교회에 가서 딱딱한 의자에 앉아 따분하고 지루한 긴 시간을 보내야만 했기 때문이다. 니일은 이 때문에 훗날에 가정과 학교의 종교교육이 오히려 아이들을 나쁘게 만든다고 주장하고, 서머힐 학교에서 종교 교육을 일체 하지 않은 것 같다.

니일의 아버지는 어린 니일에게 잘해 주지 않았으며 때로는 너무 심하게까지 굴었기 때문에 그는 아버지를 퍽 무서워했다. 아버지는 니일뿐만 아니라 다른 어느 아이도 좋아하지 않았고 아이들의 심리를 조금도 이해하지 못했다. 니일은 5세 때부터 아버지의 손에 이끌려 포오파로부터 2마일 떨어진 아버지의 학교인 킹스뮤어 학교에 다녔는데, 걸음이 무척 빨랐던 아버지를 행여 놓칠세라 마음을 조이며 훌쩍거리고 울면서 따라다녔다.

아버지는 공부 잘하는 아이만을 칭찬했는데, 니일은 공부에 전혀 흥미가 없었고, 잘 외우지도 못했기 때문에 아버지의 관심과 애정을 받지 못했다.

아버지의 급료는 연간 1백 30파운드 정도였으므로 이 돈으로 8명의 아이들을 키우고 3명을 대학까지 보내기에 부모는 대단한 희생을 했다. 어머니는 가계를 돕기 위해 새깃 장식을 만들었고 아버지는 술·담배를 일체 하지 않고 취미생활도 안 했으며, 자신을 위해서는 한 푼의 돈도 쓰지 않았다.

니일의 아버지는 어른이면서도 소나 어둠을 겁내는 데 비해, 니일의 어머니는 공포심이 적었다. 이 사실을 니일은 자기 어머니가 상상력이 빈약했기 때문이리라고 설명하고 있다. 어머니가 어느 날 포오파 읍내에 나갔는데, 시장을 보러 갔겠거니 생각하고 있었더니 마취도 하지 않은 채, 앞니를 몽땅 빼고 돌아온 일이 있었다.

아버지는 출세라고 하는 것을 공부를 잘해서 높은 학교를 나오는 것으로 생각했다. 그런데 초등학교 시절의 니일은 공부를 못했기 때문에 다른 형제들이 모두 아카데미(중등학교)에 가고 두 형은 대학에까지 갔으나 니일만은 처음 아카데미에도 못 갔다. 교장과 담임을 겸하고 있던 아버지는 그를 공부를 못해서 혹은 떠들거나 장난을 했다고 해서 딴 아이들보다도 더 많은 매를 때렸다. 아버지의 급료는 5학년생 국가시험(중학 입학자격 시험) 합격생수에 따라 결정이 되었는데, 시학관이 학교를 찾아올 날이 가까워올수록 아버지의 신경은 더욱 곤두서서 아이들에게 심한 매질을 했다.

후에 목사가 된 맏형 윌리는 공부를 잘해서 아카데미에서는 계속 금메달을 땄고 16세에 대학에 들어가서도 몇 개의 메달을 땄다. 그의 공부법은 시험 때가 되면 젖은 물수건을 머리에 질끈 동여매고 3일간 계속 밤을 새우는 것이었는데 그의 기억력은 비상했다. 어려서 니일은 매일 저녁 밖에서 놀다가 아버지에게 불려와 후에 의사가 된 둘째 형 네리, 여동생 클러니와 함께 조금 전까지의 마차도둑놀이에서 라틴어 문법 공부로 재빨리 머리를 전환시켜야 했는데 이 무렵 그는 얼마나 책을 증오했는지 모른다고 회상하고 있다. 형과 여동생은 그만 밖에 나가 놀아도 된다는 승낙을 받고 나간 후에도 니일만은 혼자 남아서 문법과 단어들을 외우기 위해 악전고투를 해야만 했다. 일요일에는 아버지 대신 어머니가 찬송가 가사들을 외우게 했는데, 이때도 니일만이 늦게까지 남아 의미도 모르는 가사를 눈물을 머금고 더듬거리며 외우기에 필사적이 되곤 했다. 니일이 라틴어를 못하는 데 대해 아버지는 화를 냈지만, 찬송가의 두 줄도 못 외우는 그를 보고 어머니는 성을 내기보다는 오히려 슬퍼했었다고 한다. 그러나 어머니를 화나게 한 점은 형제들 중에서 혼자만이 아카데미에 안간 니일이 오전 중에 아카데미에 가는 다른 형제들과 함께 포오파에 가서 집에서 쓸 식료품들을 사오는 일을 맡아 했는데 그가 곧잘 사오라는 물건을 잊어버리고 엉뚱한 물건을 사오곤 했기 때문이다. 나중에는 어머니가 살 물건들을 종이에다 적어 주었으나 이 종이 자체를 잊어버리는 일이 잦았다. 그 무렵 커다란 짐꾸러미를 안고 터벅터벅 비탈길을 걸어 올라오면서 그는 빈 마차가 지나가면 좀 태워 달라고 부탁을 하곤 했었으나 한 아저씨를 제외하고는 모두들 그냥 지나쳐 버리곤 했다. 그때 일을 생각하여 훗날 니일은 자동차를 운전해 가다가 어린아이나 노인을 지나치게 되면 반드시 타지 않겠느냐고 묻고 지나가기로 했다고 한다.

열등생으로 공부로 출세할 가망성이 전혀 없는 니일에 대해 그의 아버지는 아주 못마땅해 했다. 주머니 속의 쇠붙이에만 주로 관심이 있고 공부는 못했으며 찻잔의 "받침접시"라는 별명이 붙게 한 크게 벌어진 두 귀와 끝이 안쪽으로 굽은 엄청나게 큰 발등, 모양 없는 당시의 자기의 외모가 아버지의 마음에 더 안 들었을 것이라고 그는 술회하고 있다. 아버지는 식사 때, 빵의 굳고 맛없어 뵈는 것이 있었다면, 이것을 칼로 잘라 니일에게 던져 주면서 "알리에게는 이것이면 족해"라고 말했을 정도로 자기를 못마땅해 했다고 술회했다.

여동생 클러니는 니일에 대한 이러한 아버지의 태도에 분개하고 있었으며 한번은 언제나 큰오빠 윌리의 떨어진 헌옷만을 셋째 오빠 니일에게 입게 한다고 부모에게 항의한 적이 있었다. 그러나 당시 맏형 윌리를 무척 존경하고 있었던 자기는 시끄럽다고 클러니를 갈겼던 것 같다고 회상하고 있다.

13세 때 니일은 자동차의 새로운 브레이크를 발명해서 크게 한 번 성공해 보려고 여러 차례 시도해 보았었다. 그러나 그 일이 뜻대로 잘 안 되자, 이번에는 많은 카탈로그를 모아 통신교육으로 직업훈련을 시키고 있는 큰 회사들만은 골라 "무료로 통신교육을 시켜주면, 훗날 은혜는 꼭 갚겠노라"는 편지를 내곤 했다. 당시 그의 목표는 빨리 부자가 되는 것이었다. 그는 당시 신형 자동차나 새로운 바지단추의 발명가가 되는 데만 마음이 쏠려 있었기 때문에 라틴어 문구에 관심이 있을 리가 없었다. 아버지는 어머니에게 "저 녀석은 아무짝에도 못 쓸 형편

없는 녀석이 되겠지"하고 되풀이해 말했고 어머니도 그 말에 동의하는 것 같았다고 한다.

그러나 킹스뮤어 학교 시절 그의 반에 산수의 연간 최우수상이라는 것이 있었는데 항상 친구 프랑크가 그 상을 탔다. 그런데 니일이 한 번은 이 상을 어떻게든지 꼭 타보려고 마음을 먹고 열심히 노력한 결과 결국 그 상을 타고야 말았다. 그때 상으로 받은 "페르디난드와 이사벨라"라는 책을 그는 죽을 때까지 잘 간직하고 있었다 한다. 이러한 어린 시절의 경험들이 학과 공부의 과대평가를 배격하고 책은 학교에서 가장 중요성이 적은 교구(敎具)라는 말을 그가 하게 한 것으로 생각된다.

소년 시절 이후

니일은 14세가 될 때까지는 아버지가 근무하는 학교에 다녔지만 이곳을 졸업한 후에는 가스 계량기공장에 취직하여 소년 서기로 일했다. 그러나 7개월만에 그곳을 그만두고 공장에서 일하는 것이 얼마나 고된 일인 줄을 안 그는 아버지의 권유대로 열심히 공부해서 공무원 시험에 응시해 볼 생각이었다. 하지만 공부는 역시 안 되었다. 그래서 이번에는 포목점 점원으로 들어갔으나 심부름이나 청소를 하는 일을 부끄럽게 생각했던 그는 1년이 채 못 되어 다리가 아픈 것을 계기로 그만두고 말았다. 다시 공부를 열심히 해 공무원시험을 치려고 했으나 그의 주의력 부족은 여전했다. 몇 번이고 그에게 실망한 아버지는 이제는 우울하게 한탄만 할 뿐이었다.

이렇게 되자 그의 어머니가 니일을 아버지 밑에서 견습교사 노릇을 시켜보면 어떻겠느냐고 아버지께 권했다. 달리 별도리가 없었던 아버지가 니일을 학교 재단이사회에 이야기해서 자기 학급의 견습교사가 되게 했다. 20세기의 위대한 교육개혁가 니일은 이런 경위로 교직에 처음 발을 들여 놓게 된 것이다. 그 후 그의 나이 19세 때 사범학교의 입학시험에 응시한 적이 있었는데 1백 4명의 응시자 중에서 1백 3등의 성적으로 사범학교에도 못 가고 말았다.

그러나 니일은 4년 간의 견습교사 생활 끝에 최하급이기는 하지만 교원검정시험에 합격하여 교사자격을 얻었다. 그 후 보니리그와 킹스케틀의 학교에서 약 3년 간 근무했는데, 이 두 학교는 학생들이 시간 중에 사담만 해도 가차 없이 가죽 매를 휘두르는 엄격한 학교였다. 니일도 교장의 명령에 따라 그렇게 하면서도 이와 같은 공포에 찬 엄격한 교육이 아이들을 얼마나 해치는가를 절감하고 진정한 교육이 무엇인가 하고 마음속으로 모색하기 시작했다.

그 후에는 뉴포트의 비교적 좋은 학교에 부임했는데 여기서 그는 자신의 학력 부족을 절실히 느꼈다. 그래서 분발하여 열심히 공부해서 대학입학 자격고시에 합격하고 25세 때인 1908년에는 에든버러 대학에 입학, 처음에는 농학, 나중에는 영문학을 카네기재단의 장학금을 받으면서 공부했다. 그가 대학 2학년 때, 신문사의 논문 현상모집에 응모하여 1등에 당선됨으로써 40파운드의 상금을 탔다. 그는 이 돈을 은행에 예금해 두고 오래도록 조금씩 꺼내다 유용하게 썼다고 한다. 그는 또한 대학재학 중에 학생신문을 편집한 적도 있었다. 만학이던 그가 영문학사로서 대학을 졸업한 후에는 다시 교사가 될 생각은 전혀 없어서 저널리즘에 종사해 보고자 출판사에 들어갔다. 그 후 출판사를 따라 런던으로 왔는데 도시생활은 그에게 다리의 정맥염(靜脈炎) 등 병과 고독만을 안겨준 쓰라린 것이었다.

이 무렵 그는 스코틀랜드의 그레트나 그린 학교의 교장으로 초빙을 받고 부임하여 그 동안 구상해온 새로운 교육을 실천에 옮겼다. 이 무렵의 생활을 적은 것이 그의 처녀출판물인 "교사의 수기"로, 이 책은 그를 일약 유명하게 만들었다. 그의 교육과 사상이 선각적인 사람들로부터는 동정과 환영을 받았으나, 일반 마을사람들로부터는 환영받지 못해, 약 1년 만에 이곳도 물러나고 말았다.

제1차 세계대전이 치열해 가던 1917년 그는 군에 입대했다. 이 군복무 기간 중에 호머 레인을 알게 되었고, 레인이 경영하던 불량아들을 위한 교화시설인 더 리틀 커먼웰즈를 자주 찾아가 자유와 자치, 어린이의 편이 되어 주는 것이야말로 불량행위를 고치는 최선의 길이라는 그의 사상과 교육의 실제를 배웠다. 제대 후 다시 더 리틀 커먼웰즈에 가서 일할 약속이었으나 그의 제대 전에 이 시설이 폐쇄되어 버렸기 때문에 제대 후, 그는 다시 진보적인 교장인 존 러셀이 있던 킹 알프레드 학교로 갔다. 교장의 협조에도 불구하고 니일은 결국 이곳에서도 자신이 구상하는 진정한 자유에 입각한 교육이 실현 불가능함을 깨달았다. 그래서 이제는 자신이 학교를 세우는 수밖에 없다고 생각했으나 당시의 그로서는 그럴 만한 돈이 없었고 후원자도 없었다.

그의 나이 35세인 1918년 제1차 세계대전이 끝나고 세계가 평화와 자유의 새 희망에 부풀게 되자 세계평화의 이상향을 교육에 의해 이룩해 보려는 운동인 "신교육 협회"가 1919년 결성

되었다. 1920년 니일은 킹 알프레드 학교를 그만두고, 비어트리스 안소어 여사의 요청으로 "신시대"라는 잡지를 편집했다.

그 후 신교육운동의 국제회의가 프랑스에서 처음 열렸다.

니일은 이 회의에 참석한 후, 친구 부부와 옛 학부형이며 건축가인 오토 노이슈태터 박사와 그의 부인을 방문하고자 독일로 건너갔다. 여기서 니일은 노이슈태터 박사 부처 등의 도움으로 1921년 독일 드레스덴의 교외 헬레라우에 국제학교를 설립했다. 그러나 외국인에게 까다로운 독일 법률과 독일인의 사고방식을 바꾸기가 어려웠고, 얼마 후 작센 지방에 혁명이 일어나 위험해지자, 학교를 오스트리아의 존타아크베르크의 산꼭대기로 옮겼다. 그러나 비인 은행이 파산하는 바람에 니일의 예금 전액이 없어져 버렸기 때문에 부득이 이곳도 문을 닫아 아이들은 각국의 부모들에게로 돌려보내고 니일은 영국의 어린이 5명만을 데리고 고국으로 돌아왔다.

1924년 이 아이들로 영국의 도오세트의 라임 레지스에다 서머힐 학교를 열었다. 그 후 차츰 학생수가 불어나 1927년에는 북부 서포크의 리이스턴에 있는 어느 귀족의 별장저택으로 학교를 옮겼다. 이 학교가 서머힐이다.

니일은 두 번 결혼했는데, 첫 부인은 1927년에 노이슈테티 박사의 전부인으로 당시 이혼해 있던 릴이었다. 그녀는 오스트레일리아의 유명한 소설가의 여동생이었다. 국제학교 시절부터 니일 학교의 보모로 일해 오던 그녀는 음악과 미술을 공부하고 여행과 운동을 즐긴 사교적이며 정력적인 여성이었다. 서머힐의 졸업생들이 지난날을 회고해 곧잘 자기들을 구한 것은 니일의 개인지도이기보다는 오히려 린즈(릴의 애칭) 부인의 따뜻한 이해와 사랑이었다고 말할 만큼, 그녀는 아이들 지도에 있어서나 학교 운영에 있어서 니일의 이상적인 협력자였다. 치열해진 제2차 대전으로 학교가 북부 웨일즈 주로 피난가 있던 1940년 그녀는 과로로 병을 얻어 세상을 떠났다.

그 후 니일은 역시 서머힐에서 보모로 일해 온 간호사 출신인 이이나 부인과 재혼, 조우이 라는 딸을 낳았다. 처음으로 자기 자신의 아이를 갖게 된 그는 그 동안에 못했던 만 5세 이하의 어린이에 대한 관찰도 할 수 있게 되자 아주 어린 아이들의 교육도 함께 생각할 수 있게 되어 자기의 교육적 소신을 한결 폭넓고 자신 있는 것이 되게 했다.

이이나 부인도 전부인 릴 부인과 마찬가지로 학교에서 중요한 존재였다. 니일은 자서전 속에서 "매우 유능하고 이해심 있는 두 여인을 부인으로 가질 수 있었던 자기는 행운아"였다고 술회하고 있다. 이러한 그의 경험들이 여성들도 남성과 같은 자유와 권리를 갖게 될 것을 바라 옛날에 비해 여성의 자유가 보다 많아진 것을 기쁘게 생각한다고 말했다.

국내외강연을 자주 다녔던 니일은 1937년 오슬로 대학에 강연차 갔던 길에 그곳에서 유명한 정신분석학자인 빌헬름 라이히 박사를 만나 그 후 휴가 때면 자주 그를 찾아가 많은 것을 배웠다.

그의 서머힐 학교는 한때 경제난 등으로 폐쇄직전의 위기에 처한 적도 있었으나 세계 각국의 후원자들의 도움으로 위기를 모면했다. 나중에는 1년이면 약 2천 명이나 되는 참관객들이 세계각처로부터 몰려와 일종의 전시학교가 되었다.

딸 조우이는 어려서부터 말타기를 즐기더니 결국 승마교사의 자격증까지 얻었으며, 니일이 88세 되던 1971년 농장을 가진 젊은이와 결혼했다.

니일은 자서전 속에서 자기가 죽으면 부인이며 오랜 협력자인 이이나 부인이 학교를 맡아 운영해 줄 것을 희망했다.

그는 세계 10여 개 국어로 번역된 19권의 저서와 서머힐 학교라는 50여 년에 걸친 교육실험의 위대한 업적을 남기고 1973년 9월 23일, 90세를 일기로 세상을 떠났다. 그의 유해는 서머힐에서 30마일쯤 떨어진 입스위치 묘지에 묻혀 있다.

사 상

세계관(世界觀)

니일은 20세기의 세계를 불안과 공포로 가득 찬 "병든 세계"로 보았다. 그 이유는 인류가 물질적인 면, 즉 과학적인 면에서는 역사적으로 놀라운 발전을 거듭해 옴으로써 인간의 생활을 매우 풍요롭고 편리하게 만들어 왔다. 하지만 또 한편으로는 이 발달한 과학으로 인류를 순식간에 파멸시킬 수 있는 핵무기도 동시에 만들어 냄으로써 온 인류를 전쟁의 위협 속에서 불안과 공포에 떨게 했다는 것이다. 따라서 기계적·과학적인 진보를 이룩했을 뿐, 인류의 진정한 행복증진에는 별로 기여를 하지 못했으며 "오늘날의 문화를 결코 성공적인 문화라고 볼 수 없다"는 것이다.

그리고 20세기의 세계가 여러 가지 증오심, 즉 인종적 증오심, 민족적 증오심, 종교적 증오심 등을 버리지 못하기 때문에 인류는 새로운 전쟁의 위협에서 벗어나지 못하고 있다는 것이다.

그런데 이러한 증오심에 사로잡혀 있는 까닭은 인간이 두뇌만을 중시하고 감정을 무시한 교육을 행해옴으로써 감정이 억눌려 무의식인 채 버려져 있기 때문이며 따라서 "세계의 사회적 양심이 아직도 원시적인 상태에 머물러 있기 때문"이라고 그는 말했다.

그리고 인류가 전쟁의 위협에서 벗어나지 못하는 것은 생부정적(生否定的)인 입장에 서 있는 사람들이 이 세계를 지배하고 있기 때문이라고 그는 "서머힐"속에서 다음과 같이 설명했다.

"나의 생애에서 나는 두 차례의 무서운 전쟁을 보아왔다. 어쩌면 더 한층 무서운 제3의 전쟁을 볼지도 모른다. 내가 어렸을 때 사람들은 남아프리카에서 제국주의를 위한 싸움에서 죽었다. 1914년으로부터 1918년 사이에 사람들은 "모든 전쟁을 끝맺기 위한 전쟁"에서 죽었다. 1939년으로부터 1945년 사이에는 파시즘을 섬멸하기 위해 죽었다. 내일에는 공산주의자를 섬멸하기 위해서라던가. 혹은 이를 조장하기 위해서 죽을는지도 모른다.

이 일은 대다수의 사람들이 중앙권력자의 명령대로 자기들의 개인적인 생활에 관계없는 이유 때문에 자기의 생명과 자기 자식의 생명을 버리는 것을 의미한다. 우리들은 생부정(生否定), 사긍정(死肯定)의 편에 서 있다.

내가 생부정이라는 말을 쓰지만 그것은 죽음을 추구한다는 의미가 아니다. 생부정은 권위긍정(權威肯定), 교회종교긍정, 억압긍정, 학대긍정, 혹은 적어도 이런 것들을 추종한다는 의미이다.

요약하면 생긍정은 우스갯소리·게임·연애·흥미 있는 일·여러 가지 취미·웃음·음악·댄스, 다른 사람들에 대한 배려, 인간에 대한 신뢰 같은 것들이며, 생부정은 의무·복종·이윤·권력과 같은 것이다.

고금의 역사를 통해 생부정이 승리를 거두어 왔다. 그리고 젊은이들이 오늘날의 어른들의 생각에 꼭 맞도록 훈련을 받는 한 이 승리는 계속될 것이다."

니일은 또한 전쟁이 그치지 않는 오늘날의 세계를 가져 오게 한 원인에 대해 다음과 같이 설명했다.

"현대인간의 근본적인 오류는 인간이 너무도 무의식적이라는 점이다. 이번의 잔학한 전쟁을 일으킨 것도 인간 속에 숨겨진 무의식이었다. 그리고 오늘날의 모든 대학졸업생이나 학교의 교과도 그것을 멈추게 할 힘이 없다. 만약 인간이 계속 그의 노여움과 미움을 억압하여 감정생활을 무시하고 억누른다면 전쟁은 피하기 어려운 것이 될 것이다. 감정은 세계를 지배한다. 그러나 우리들의 감정은 대부분 억눌려 갇혀 있기 때문에 감정은 세계를 파괴하는 것이다."

그는 또한 그의 세계관을 다음과 같이도 피력했다.

"권력의 자리에 있는 자는 언제까지나 권력을 가지고 있으려고 한다. 그러기 위해서는 그들이 지배하고 있는 국민이 말을 잘 듣는 순한 양과 같지 않으면 안 된다. 그래서 그들은 가장 근본적인 데서부터 손을 댄다. 즉, 어린아이를 붙잡아서 어른에게 복종하도록, 성(性)의 욕구를 억압하도록, 그리고 권위를 두려워하도록 가르친다. 그 결과 거세(去勢)된 소와 같이 되어, 기성의 권력에 도전하거나 반역하거나 할 수 없는 어른이 된다. 그러니까 학교에서 역사나 지리를 가르치는 것은 표면적인 목적에 불과하고 정말로 노리는 것은 어린이의 성격을 틀에 집어넣어 만드는 데 있다. 이러한 교육의 결과가 어떻게 되는 지는 오늘날의 병든 세계를 보면 잘 알 수 있다. 오늘날 젊은이들의 난폭한 행동은 기본적으로는 부모나 교사의 권위에 대한 항의이다. 어린이를 때리는 어머니는 그렇게 함으로써 어린이로 하여금 난폭한 행동을 아무렇지도 않게 생각하는 인간이 되도록 기르고 있는 것이다."

말년의 그의 세계관 특히 정치에 대한 견해를 보면, 정치는 타협을 의미하기 때문에 자유인은 이런 것에 서툴다고 했다. 그러나 니일은 젊어서 노동당에 입당하는 등. 정치·교육에서 매우 진보적이었다. 그는 러시아 혁명이 일어나자 남녀공학제의 실시 등, 새로운 성적·교육적 자유가 행해진다는 소식을 듣고 한때 기대를 걸기도 했으나, 곧 스탈린이 피의 숙청을 단행했다는 사실을 듣고는 공산주의에 크게 실망했다. 그는 공산주의가 병든 세계를 구하리라는 희망을 버리고, 공산주의를 종교와 같은 것이라고 비난했다. 그 후부터 그는 어떤 정치에도 흥미를 갖지 않게 되었다고 한다.

그는 소련과 미국 양쪽으로부터 한 번씩 비자 거절을 받은 일이 있는데 그것은 자기가 불변의 신념을 보였기 때문이라고 자랑삼아 회고했다.

그는 사회적인 병에 대해 진정으로 관심을 갖는 정치가가 드

물기 때문에 정치에는 많은 기대를 걸 것이 못되며 국제 외교
는 더러운 게임이라고 했다. 한 사람이 수만 명의 의견을 대표
한다고 생각하는 민주주의는 사실상 겉치레뿐인 줄 알지만 민
주주의를 대신할 정치형태가 독재제도이기 때문에 민주주의가
불철저하다고 해서 이를 버릴 수는 없다고 했다. 또한 선거민
들이 요람에서부터 거세되어 순한 양과 같이 됨으로써 후에 지
도자를 찾게 된다고 말하면서 병적인 세계에서는 정치도 병적
이 될 수밖에 없다고 했다.

젊어서 급진주의자인 사람도 나이가 들면 흔히 보수주의자가
되는데, 자기는 늙어서까지도 도전자로 머물렀다고 생각하는
데 그 동기는 감정적인 데 있다고 했다. 니일은 자유당 후보이
던 윈스턴 처칠에게 토마토를 던졌으나 빗나간 일이 있었는데
그것은 그 지방 보수당 위원장의 귀여운 딸에게 충동을 받아서
였다고 술회했다.

나이 90이 가까워진 말년에 가서 그는 이 세상이 자기의 젊
었을 때에 비해 많이 변했는데, 그것은 물질적인 것뿐만이 아
니라, 성에 대한 보다 자유로운 태도, 특히 여성들의 성 해방이
크게 이룩된 점을 들었다. 전쟁에 대한 태도에서도 옛날의 영
웅은 국가를 위해 죽는 사람이었으나 현대의 영웅은 국가를 위

해 사는 사람으로 바뀌었다고 했다.

그러나 세계는 한층 불길하고 위험한 방향으로 변해가고 있는데 그것은 산업에 의한 비인간화와 불합리한 인종적 증오 때문이라고 했다. 그는 흑인·유태인·중국인·인도인 등에 대해 특별한 감정을 갖고 있지 않은데, 자기에게 있어 그들은 길고도 고된 인생이란 여행길의 동행자일 뿐이라고 말하면서, 인종적 증오는 인간의 타락보다 더 위험하다고 했다.

종교관(宗教觀)

다음으로 그의 종교관을 살펴보자. 어려서 엄격한 청교도 가정에서 자라난 그는 말년에 완전한 무신론자로 기울어져 니이체의 견해에 찬성했다. 그는 자서전 속에서 "기성의 종교가 왜 모두 생의 증오로 돌고 있는지 나는 모르겠다. 그러나 내가 아는 전부는 니이체가 최초 및 최후의 기독교인은 십자가에서 죽었다고 말한 것이 전적으로 옳다는 사실이다"라 했다. 니일은 특히 가톨릭에 대해 가장 적의를 나타내면서 기성의 정통종교는 이 세상에서 가장 유해한 전염병이라고까지 극언했다. 그는 정통 기독교에 있어서는 신이 하늘에 있지 않고 생반대(生反對)

의 본거지인 바티칸과 캔터베리에 있다고 비꼬았다. 그는 다음 과 같이 말하고 있다.

"마지막 종교가 없어질 때까지는 아마도 세상은 행복을 발견하지 못할 것이다. 종교 속에 나는 그들의 추한 자매인 자본주의와 공산주의도 포함시킨다."

그러면 그의 종교관은 어떻게 전개되고 있는가. 그는 종교를 문화사적으로 보고 어느 민족이든 그 민족 특유의 종교가 있으며 민족의 소멸과 함께 종교도 소멸한다는 입장을 취했다. 그는 자기의 종교관이 신은 "위대한 부재자"라고 말한 웰즈의 견해에 일치한다고 스스로 밝히고 있다. 니일은 수백만 명의 이집트인들은 4천 년 간이나 아몬 라를 믿었으나 지금 그런 종교는 편린도 찾아볼 수 없듯이 신의 관념은 문화의 변천과 함께 변하며, 기독교를 포함하여 어떤 현세의 종교든 영원한 종교는 존재하지 않는다고 말했다. 따라서 어떤 종교에도 그 탄생이 있고, 젊은 시절이 있고, 노령기가 있고 사멸이 있다는 것이다. 니일에 의하면 20세기의 종교는 이미 원자폭탄을 만들어낼 정도로 노령기에 도달해 있다는 것이다.

이러한 니일의 견해에 따르면 종교는 자연적인 생에 반대하는 것이며, 종교라고 할 때 자기의 뇌리에 남는 것은 낡은 옷을 입고 삼류 음악인 찬송가를 부르면서 죄의 용서를 비는 슬픈 모습이 연상되어 "아무래도 나는 동조할 수 없다"고 했다.

다만 자기는 어떠한 종교이든 종교 그 자체에 반대하는 것이 아니라. 인간의 성장과 행복에 제한을 가하는 권위를 신이라고 강조하는 사람들에게 반대한다고 말했다. 그렇기 때문에 그는 시대가 종교를 낳는다는 그의 입장에 충실하여 새로운 종교가 나와야 한다고 주장했다. 그는 "언젠가 새로운 시대에는 오늘날의 낡은 종교와 신비주의를 받아들이지 않을 것이다. 새로운 종교가 생긴다면 인간은 죄를 안고 세상에 태어났다는 따위의 관념은 부서질 것이다. 새로운 종교는 인간을 행복하게 함으로써 신을 찬양할 것이다"라고 말했다. 그는 기독교가 성을 죄악시한 데 대해 반발하여, 새로운 종교는 육체와 정신의 대립관을 거부할 것이라고 말하고, 육체가 죄가 안 되는 것임을 인정할 것이라고 예언했다. 그는 종교가 생을 두려워하며, 생으로부터의 도피라고 규정하고 이 때문에 종교와 신비주의는 비현실적 사고와 비현실적인 행동을 기르므로 어린이에 대한 종교교육을 배격해야 한다고 말했다. 신비주의 속에 있는 인간은 도피적 생활을 계속하는 인간이므로 어린이를 이렇게 길러서는 안 된다는 것이다. 또 신비주의의 커다란 위험은 어린이들에게 죄의식을 심어주어 증오자로 만들어 생에 대한 그의 사랑이 증오로 변하게 한다고도 했다. 그는 영국의 시인 콜리리지의 견해와 같이 진정한 자기애에 입각하여 탄생할 새로운 종교는 "자기 자신 속에 있는 크고 작은 모든 것을 인간이 사랑할 때, 그 사람을 가장 기도 잘 하는 사람"으로 생각할 수 있을 것이라 했다.

그는 자서전에서 자기는 웰즈와 같이 5백만의 신자들에게 성이 죄악이라고 가르친 가톨릭을 미워한다고 쓰고, 성적 경험이 전무한 교황이 수백만의 여성들에게 피임약을 쓰지 말라는 것은 넌센스라고 비난했다. 그는 또 신교 역시 장황한 설교로써 어린이들의 머리만을 교육시킨다고 비난했다.

이러한 니일인데도 불구하고 서머힐에서의 그의 생활 자체는 기독교의 기본정신인 사랑을 가장 잘 실천한 가장 훌륭한 그리스도인의 생활이었다는 평을 듣기도 했다.

자유관(自由觀)

　니일은 한마디로 철저한 자유주의자였다. 그는 작고 1년 전에 출판된 최후의 저서인 자서전에서 "자유는 하나의 새로운 세계관이며, 이 광적인 세계에 있어서 하나의 위대한 희망이다"라고 갈파했다. 니일의 이 말은 그의 전저서를 통하여 그토록 많이 언급된 그의 자유관의 핵심이라 볼 수 있다. 뿐만 아니라 이 같은 자유관은 그의 교육사상과, 실천운동인 서머힐 학교의 가장 근본적인 사상적 기초로서 실로 니일의 전사상은 자유관에서 출발한 것이었다.

　니일은 행복의 감정은 사람이 자유를 느낄 때에만 가능하다고 말하여 행복과 자유를 불가분의 것으로 설명했다. 그는 자유를 정의하여 "자유란 남의 자유를 침해하지 않는 한에서 자기의 하고 싶은 일을 하는 것"이라고 말했다. 그래서 그는 자유를 개인적인 자유와 사회적인 자유의 둘로 나누고 모든 사람이 개인적인 자유를 누려야 하지만 남의 권리, 즉 다른 사람의 자유도 존중해야 하기 때문에 사회적인 자유는 완전히 가지지 못하는 법이라고 주장했다. 이러한 구체적인 예를 든다면 싫어하는 어린이로 하여금 라틴어를 억지로 배우게 할 권리는 아무에게도 없는데, 그 이유는 학습은 개인적인 선택이기 때문이라는 것이다. 그러나 만약 어떤 어린이가 라틴어 교실에서 계속 떠들고 논다면 이런 어린이는 교실에서 내쫓아야 한다. 왜냐하면 이 어린이는 다른 사람의 공부하는 자유를 침해하기 때문이라고 그는 주장했다. 니일은 이 때문에 "절대적인 자유 같은 것은 존재하지 않는다"고 말하여 더욱 그의 자유의 개념을 구체화시켰는데 이는 그의 자유관의 뼈대를 이루고 있다. 그는 또한 자유와 방종(放縱)을 구별하여 "방종은 남의 자유를 침해하는 것"이라고 규정하고 자유가 지나치게 확대되면 방종이 된다고 말했다.

이상과 같은 자유관을 가진 니일은 자유에 대한 철저한 신봉자로 자기의 학교 서머힐을 완전한 자유의 원칙에 입각하여 창설 운영했으며 그의 자유에 대한 신념은 죽을 때까지 변하지 않았었다.

즉, 서머힐 창설 이래 작고할 때까지 니일은 그의 기본적인 생각인 자유, 즉 자치와 학습의 자유와 어린이의 성격을 틀(型)에 집어넣어 만들려는 태도의 그릇됨을 주장하는 데에 전혀 변화가 없었다. 그는 다음과 같이 말했다.

"나는 자치와 어린이가 공부하고 싶을 때 공부하는 학습의 자유에 관해 한 번도 회의를 가져 본 일이 없다. 또한 어린이들의 성격을 틀에 집어넣고 싶은 유혹을 받아본 일도 없다. 그러나 어린이들은 뭐라고 분명히 밝히기 어려운 형태로 차츰 변해 갔다."

그러면 니일이 일생을 두고 확신하고 주장한 자유는 구체적으로 무엇을 의미했던가. 그는 "자유로운 어린이"의 일본어판 서문에서 다음과 같이 말했다.

"내가 말하는 자유란 사랑하는 자유, 놀고 일하는 데 있어서의 자유, 필요가 있으면 반역하는 자유, 그밖에 또 종교나 가정의 오랜 전통과 시대에 뒤진 도덕에 억지로 따르도록 강요되는 일 없이, 자기가 하고 싶은 데 따라 생활할 수 있는 자유를 의미한다."

니일은 또한 자기가 의미하는 자유란 남의 자유를 방해하지 않는 한, 자기가 하고 싶은 대로 하는 외적인 자유인 행동의 자유뿐만 아니라 내적인 자유인 공포와 증오와 위선과 불관용으로부터의 자유까지를 의미한다고 다음과 같이 말함으로써 그의 자유관을 한층 상세히 밝혔다.

"우리 학교에서는, 자유란 남의 자유를 방해하지 않는 한 자기가 하고 싶은 대로 하는 것을 의미한다. 그것은 외적인 의미이다. 그러나 보다 내적으로 들어가 보면 어린이들이 내적으로 자유롭다는 사실, 즉 공포로부터, 위선으로부터, 그리고 불관용으로부터 자유롭다는 사실임을 알 수 있다."

니일은 이러한 자유가 흔히 사람들에게 오해를 불러일으켜 방종과 혼동되고 있으나 이 양자는 엄격히 구별되어야 한다고 말했다. 그는 진정한 자유는 서로 주고받는 상호적인 것이어야 하며 자기통제(自己統制)를 의미한다고 말했다. 자기통제란 다른 사람들의 일을 생각하는 능력, 다른 사람들의 권리를 존중하는 능력을 뜻한다고 했다. 반대로 방종은 다른 사람의 자유에 간섭하는 일로서 자유와는 정반대되는 것이라고 다음과 같이 말했다.

"그들은 자유가 주고받는 것, 즉 어린이를 위한 자유인 동시에 양친을 위한 자유라는 것을 이해하지 못하고 있다. 내가 이해하기로는 자유란 어린이가 자기가 하고 싶은 어떤 일이라도 다 할 수 있다는 것을 의미하거나, 가지고 싶은 어떤 것이라도 다 가질 수 있다는 것을 의미하는 것은 아니다.… 자유가 지나치면 방종이 된다. 나는 방종을 남의 자유를 방해하는 것으로 정의한다.… 자기통제의 올바른 정의는 무엇인가? 내 생각에는 자기통제란 다른 사람을 생각하는 능력, 즉 남의 권리를 존중하는 것을 의미한다."

　그러면 니일의 자유관과 아동관과의 관계는 어떠한가?

　그는 참다운 자유 속에서 자라나는 아이는 자기의 자유의지에 의해 자신의 행동을 잘 통제할 줄 아는 자율적인 어린이가 된다고 보았다. 그 이유는 일체의 부자연스러운 억압이 배제되고 인간에게 자유가 주어졌을 때 인간은 태어나면서부터의 선량한 자연성을 되찾고 스스로의 의지에 따라 행동할 수 있는 자율적인 인물인 진정한 자유인으로 자라게 된다고 주장했다. 이것은 니일이 서머힐 학교에서의 50여 년에 걸친 철저한 자유교육의 실시 결과 내린 결론이었다. 즉, 공부할 자유뿐만 아니라 공부 안 할 자유까지도 인정한 철저한 학습의 자유, 선생이나 어른들이 어린이들의 행동에 대해 명령이나 지시·감독·설교·꾸지람·벌 등으로 간섭하거나 억압하는 일을 일체 배제하고 스스로의 민주적인 자치생활을 통해서만 견제 받는 자유로운 생활을 허용했을 때 어린이는 선량하고 자율적이며 공부도 잘 하는 어린이로 자라는 것을 보았다고 보고했다. 그는 자유와 아동과의 관계를 다음과 같이 상술했다.

(1) 자유 속에서 생활하는 어린이들은 자유에 의해 무의식 속의 것을 더 잘 의식하게 되므로 이들은 자유에 의해서 자기 자신의 성품을 잘 발전시킨다.

(2) 자유로운 어린이들은 남에게 쉽사리 영향을 받지 않는 개성적인 인물이 된다. 그 이유는 자유에는 공포가 없기 때문이며, 공포가 없는 것이야말로 어린이들에게 가장 바람직한 것이다. 그러나 억압을 제거한 자유의 결과로 아무렇게나 마구 행동하는 일은 승인해서는 안 되며 자기 규제가 요구된다.

(3) 자유는 인간의 정신으로부터 자기혐오와 타인에 대한 혐오를 발산시켜 주는 신선한 공기의 호흡과 같은 역할을 한다. 따라서 생부정적(生否定的)이 아닌 생긍정적(生肯定的)인 인간을 길러낸다.

(4) 자유 속에서 생활하는 어린이들은 다른 어린이들에 비해 공격성을 보이는 일이 훨씬 적다. 그 이유는 자유가 주어진다는 것은 사랑이 주어지는 것이므로 사랑은 사랑을 키우고, 증오는 증오를 키우는 법칙에 의해 증오를 받지 않고, 사랑으로 길러지는 어린이들은 자기들도 증오심을 일으키지 않고, 따라서 공격성을 보이는 일이 적다.

(5) 자유는 정상적인 어린이들을 올바로 자라게 할 뿐 아니라

문제아들도 선량하고 행복한 정상아로 되돌아오게 하는 데 필수적이다.

따라서 앞으로의 새로운 세대에게는 자유 속에서 자라날 수 있는 기회가 주어져야만 한다고 니일은 주장했다. 왜냐하면 자유가 주어진다는 것은 사랑이 주어진다는 의미인데 사랑만이 이 세계를 구할 수 있는 유일한 길이기 때문이라는 것이다.

그러나 니일은 "어린이에게 자유를 준다는 것은 쉽지 않다. 그것은 우리가 어린이에게 종교나 정치나 계급의식을 가르칠 것을 반대한다는 의미이다"라고 말하여 종교교육 등을 반대했다.

그에 의하면 어린이의 아버지가 어떤 정치단체에 대해 불평을 하거나 그의 어머니가 하인계급에 대해 불평을 하는 것을 자주 들을 때 그 어린이는 편견을 갖게 되어 진정한 자유를 가질 수 없다는 것이다.

행복관(幸福觀)

니일은 인간의 생에 있어서 궁극적인 목적은 행복이며, 교육의 궁극적 목적 역시 행복에 있다고 보았다. 따라서 그의 행복

의 개념과 그가 주장하는 행복에 도달하는 방법을 이해하는 일
은 매우 중요하다.

그러면 그가 생각한 행복의 의미는 무엇인가. 그것은 생에 대
한 흥미와 선, 내적인 안녕감과 균형감, 생에 대한 만족감, 그리
고 억압을 되도록 적게 받음으로써 신경증과 갈등의 이중생활
로부터 놓여난 상태를 의미한다고 그는 다음과 같이 설명했다.

"나는 인생의 목적이 행복을 발견하는 데 있다고 주장한다.
그것은 흥미를 발견한다는 의미이다. 교육은 생의 준비이어야
한다."

"인생의 목적은 행복이다. 행복을 제한하거나 파괴하는 모든
것은 인생에 있어서 악이다. 행복은 항상 선을 의미한다. 극단
적인 형태의 불행은 유태인 구타, 소수인종 고문(拷問), 또는 전
쟁을 의미한다."

"만약 행복이라는 말이 의미를 갖는다면 그것은 안녕의 내적
감정, 균형감, 생에 대한 만족감을 의미한다. 이러한 것들은 오
직 사람이 자유로울 때에만 존재한다."

"행복하다는 것은 가능한 한, 신경증으로부터 놓여나고 갈등의 이중생활로부터 놓여난 상태를 의미한다."

그러면 이러한 행복은 어떻게 해서 얻어질 수 있는 것인가? 이에 대한 그의 대답은 일체의 권위와 억압이 배제되고 사람에게 자유가 주어져서 그 자신으로서의 생활이 허용될 때 비로소 얻어진다는 것이었다.

"자기 자신으로 돌아간다는 것은 행복하게 되는 것이다. 왜냐하면 그것은 성실하게 되는 것이며, 불성실은 행복과 양립하지 못하기 때문이다."

"행복은 어떻게 주어지는가? 나의 대답은 이렇다. 권위를 철폐하라. 어린이로 하여금 자기 자신이 되게 하라. 어린이에게 억지로 시키지 말라. 어린이에게 가르치지 말라. 어린이에게 설교하지 말라. 어린이를 끌어올리지 말라. 무엇을 하도록 어린이를 강제하지 말라."

그리고 또 어린이들의 행복은 어른들이 그들에게 주는 사랑과 인정(認定)에 따라 결정된다고 그는 말했다. 여기서 말하는 사랑이란 감상적인 애정이나 소유적인 애정을 의미하지 않고 "어린이의 편이 되어 주는 것"을 의미한다고 그는 말했다.

"어린이들의 행복과 안녕은 우리가 그들에게 주는 사랑과 인정의 정도에 달려 있다. 우리는 그들의 편이 되어 주지 않으면 안 된다. 어린이의 편이 된다는 것은 어린이에게 사랑을 준다는 것을 의미한다. 그 사랑이란 소유적이거나 감상적인 것이 아니고 어린이가 자기를 사랑하며 인정하고 있다고 느끼도록 행동하는 것이다. "

그런데 어린이에 대한 이러한 사랑과 인정은 곧 어린이에 대한 신뢰, 즉 그들의 선성(善性)에의 확신의 문제라고 그는 다음과 같이 말했다.

"그것은 모든 어린이들에 대한 신뢰의 문제이다. 어떤 사람은 신뢰감을 갖고 있다. 그러나 대부분의 사람들은 신뢰감을 갖고 있지 않다. 만약 당신이 이러한 신뢰감을 갖고 있지 않으면 어린이는 그걸 금방 느낀다. 어린이들은 당신의 사랑이 깊지 않으며, 당신이 그들을 더욱 신뢰할 수 있을 텐데 하고 생각한다. 당신이 어린이들을 인정할 때 당신은 그들에게 어떤 일이라도 이야기할 수 있다. 왜냐하면 인정은 많은 억제를 사라지게 하기 때문이다."

따라서 니일은 행복을 학과공부나 상급학교 진학을 위한 시험합격보다도 더 중요하게 여겨 가장 으뜸으로 생각했는데, 이로써 공포가 없는 맑은 눈과 구김살 없는 솔직한 태도와 여드름이 안 난 아름답고 매력적인 소년소녀들을 만들 수 있었다고 그는 다음과 같이 말했다.

"나는 성장을 으뜸으로 치기 때문에 행복을 으뜸으로 생각한다. 대학입시에 합격하여 얼굴이 여드름 투성이가 되기보다는 자유롭고 만족스럽고, 수학의 소수가 무엇인지 모르는 편이 낫다. 나는 행복하고 자유로운 청년의 얼굴에서 여드름을 본 일이 없다."

"나는 우리 소녀들을 예쁘게 만들고 소년들을 잘나 뵈게 만드는 것이 행복이라고 생각한다."

그는 또 남녀 간의 애정에 언급하여 그것이 처음에는 지성적인 것에 의해 생기는 것이 아니지만 후에는 공통적인 지적 관심이 부부를 한층 행복하게 해준다고 다음과 같이 말했다.

"자연은 남자이든 여자이든 상대방의 지적 용기 때문에 사랑에 빠지도록 만들지는 않는다. 그러나 나중에 성적 충동이 약해지면 공통적인 지적 관심이 부부를 행복하게 이끌어갈 것이다."

제 2 장
교육철학

정신분석학과 니일의 인간관(人間觀)

프로이드 · 호머 레인 · 빌헬름 라이히 등의 심리학자들로부터 많은 영향을 받았던 니일은 정신분석학적 입장에서 인간을 해석하여 아동은 선악의 행위를 의지의 힘으로 좌우할 수 있는 이성적 존재가 아니라, 역동적 추진력인 무의식에 의해 그 행위가 좌우되는 존재로 보아 다음과 같이 말했다.

"심리학이 무의식의 중요성을 발견하기 이전에는 어린이를 이성적인 존재로 생각하여 선을 행하거나 악을 행할 의지의 힘을 가진 것으로 생각했다. 또 어린아이의 마음은 백지와 같아서 마음 먹은 교사가 그 위에다 가르침의 길을 그려야 한다고도 생각했다.

그러나 오늘날 알려진 바로는 어린아이는 결코 정적인 것이 아니고 전적으로 역동적인 추진력 바로 그것이다. 어린아이는 자기가 하고 싶은 일을 행동으로 나타내려고 한다. 어린이는 본래 자기본위이다. 그리고 끊임없이 자기의 힘을 휘두르려고 한다. 성(性)이 모든 사람에게 있다고 한다면 힘에의 추진력도 모든 사람에게 있다.”

니일은 또한 인간의 정신은 이드라고 부르는 본능과 자아와 초자아의 세 가지로 형성되어 있다고 생각했다. 또 이것이 의식과 무의식의 정신현상을 일으키고 인간의 행위는 의식에 의해서가 아니라 무의식에 의해서 좌우된다고 보았다.

그에 의하면 무의식은 두 개의 부분, 즉 우리가 조상으로부터 물려받은 비인격적 무의식(혹은 민족무의식)과 우리가 환경으로부터 획득하는 인격적 무의식의 두 부분으로 되어 있다. 그런데 여기서 신경증이나 번민 등의 불행은 이 인격적 무의식과 비인격적 무의식의 갈등에서 오는 결과이다. 또한 비인격적 무의식은 신(神)으로부터 오며, 그것은 자기보존본능(자아본능)과 종족보존본능(성본능)으로 우리들을 몰아치는 근원적인 생명력이다. 그럼에도 불구하고 우리들이 태어나면서부터 죄인이라고 믿도록 되어온 결과, 교육은 비인격적 무의식이 정말 악마라는 생각을 어린이들에게 주입시켜 왔다는 것이다.

여기서 말하는 비인격적 무의식은 인간이 가지고 태어난 본능이며, 정신분석학에서 "이드"라고 부르는 것으로서 이러한 인간의 자연적인 본성은 그대로 선한 것인데, 이를 악이라고 보아 배척함으로써 부자연스러운 억압이 생기고 인간은 신경증적이 된다고 보았다. 즉, 그는 아이들이 자연적인 성정(性情)을 그대로 발휘할 수 없을 때, 나타내는 여러 가지 곤란한 현상이 문제아들의 행위라고 했다. 그 증거로는 자기 학교에서 문제아들로부터 이러한 여러 가지 억압을 없애주고, 자기네 본연의 모습대로 자유롭게 행동할 수 있도록 해주었을 때, 문제아들도 자연히 선량하고 사회성 있는 아이들로 회복되는 것을 보아 알 수 있었다고 했다.

그에 의하면 비인격적 무의식에 대응하는 또 하나의 무의식, 즉 인격적 무의식은 어린이가 본래 가지고 태어나는 것이 아니라, 출생 후 주위환경인 다른 사람들, 즉 부모나 선생이 행한 금지·명령·교훈 등이 무의식화되어 아이의 마음속에 깊이 스며들어 형성되는 것인데 이것은 정신분석학상 초자아라 부르는 것으로 도덕적으로는 양심이라 부르는 것이라고 했다.

니일에 의하면 본능인 "이드"와 자아는 신으로부터 온 인간의 생명력이기 때문에 이들의 자연스러운 발달을 조장하는 일이야말로 교육의 목적이 되어야 한다고 보았다. 그러나 종래의 종교나 교육은 인간 본래의 생명력인 비인격적 무의식을 무시하고, 인격적 무의식인 초자아를 강화시킴으로써 도덕적으로 훌륭한 인간을 양성하기에만 노력해 왔다는 것이다. 그러나 이러한 태도는 인간의 본질이라는 입장에서 볼 때 전적으로 잘못된 것이며, 이런 교육이나 종교야말로 사람들에게 공연한 심리적 갈등과 번민만을 일으키게 하고 위선자가 되게 한다고 다음과 같이 말했다.

"어린이는 그의 양심을 어머니·아버지·목사, 다시 말하면 전체적으로 그의 환경으로부터 주입해 받는다. 그의 불행은 양심과 인간성의 갈등, 프로이드의 용어를 빌리면 그의 초자아와 이드의 갈등이다."

하지만 니일이 배척한 것은 주위로부터 주입된 양심을 말했을 뿐이다. 그 대신 어린이들이 자유로운 공동생활의 경험 속에서 스스로 안으로부터 우러나오게 되는 양심, 즉 낳는 양심은 매우 소중하고 장려해야 할 것이라고 했다.

아동관(兒童觀)

니일은 서머힐에서 아무런 외적인 억압이나 간섭이 없는 자유로운 상태에 아이들을 놓아두고 그들이 어떻게 행동하며 생활하는가를 관찰함으로써 어린이들의 본성과 본연의 모습을 알아내고 다음과 같이 보고하였다.

(1) 어린이의 본성은 선하고 악하지 않다

여기서 니일이 말하는 "선하고 악하지 않다"는 뜻은 현사회의 도덕적인 가치기준에 비춘 선악의 의미가 아니라, 사람이 본래 가지고 태어난 본성은 신이 주신 것으로 나쁜 것이 아니라고 보는 의미이다.

니일이 이러한 생각을 갖게 된 것은 호머 레인의 영향이었는데, 레인은 또한 이러한 사상을 인도의 성인 비베 가난다에게서 영향 받았다. 동양에는 일찍이 이러한 사상이 있어 인간의 성선설(性善說)의 주창자로 맹자(孟子)를 들 수 있고, 서양에서도 16세기의 루소에게서 이 사상을 찾아보게 된다.

이 생각은 니일의 모든 사상의 기초이며 출발점이기도 했다. 그리고 그것은 죽을 때까지 하나의 신앙처럼 미동도 하지 않았다고 그 자신이 다음과 같이 말했다.

"필요한 것은 우리가 어린이는 선한 존재이며 악한 존재가 아니라는 완전한 믿음을 갖는 일이다. 근 40년 동안 어린이의 선성(善性)에 대한 이와 같은 신념은 전혀 동요하지 않았다. 그것은 오히려 최종적인 신념이 되었다."

(2) 어린이는 본래 현명하고 현실적이다

자유로운 상태에서의 어린이들은, 남이 나를 어떻게 보고 생각할까 하는 체면이나 남의 안목을 의식해서 생활하는 형식적이고 비현실적인 행동은 취하지 않는다. 그래서 그들은 매우 슬기롭고 현실적이다. 따라서 어른들의 간섭이 없을 때 어린이는 스스로 자기가 발전할 수 있는 최고의 상태에까지 발전하는 존재라고 했다.

그렇기 때문에 어른들에게 필요한 태도는, 어린이들의 생활에 간섭하지 않고 자유를 허용하며, 어린이들이 어린이들 자신의 생활을 할 수 있도록 사랑과 존경심을 가지고 그들의 발전을 지켜보아 주는 일이라고 했다.

(3) 어린이는 본래 성실성을 가지고 태어난다

니일은 서머힐 학교가 이룩한 가장 큰 업적의 하나는 어린이가 본래 성실성을 가지고 태어난다는 사실의 발견이었다고 말했다. 따라서 어른들은 어린이를 좀 더 신뢰할 수 있는데도 불구하고 신뢰하고 있지 않다는 것이다. 그리고 현대의 교육은 어린이들에게 달성이 거의 불가능한 무리한 요구를 하거나 남들 특히 어른들에게 마음에 없는 감사나 존경을 표시하도록 강요함으로써 그들이 오히려 위선적이고 불성실하게 되도록 교육시키고 있다고 말했다.

(4) 어린이들은 사랑과 이해를 필요로 한다

니일은 어린이가 자연스럽고 선량하게 자라기 위해서는 인정 (認定)과 사랑을 필요로 한다고 했다. 그런데 어린이를 사랑한다는 것은 감상적인 의미나 소유적인 의미의 사랑이 아니라 "어린이의 편이 되어주는 것"을 뜻한다고 니일은 말했다. 이러한 생각 역시 그는 레인에게서 영향 받았다고 하면서 이렇게 설명했다.

"그것(어린이의 편이 되어 주는 일)은 가능한 일이다. 나는 자기 어린이들의 편에 서있는 많은 부모들을 알고 있다. 그들은 그 대가로 어린이에게 아무 것도 요구하고 있지 않으나, 그 때문에 많은 것을 얻고 있다. 그들은 어린이들이 작은 어른이 아니라는 것을 잘 알고 있다."

(5) 자유로운 상태에 놓여 있는 어린이는 공격적이 아니고 매우 관대하다

프로이드는 일찍이 어린이의 공격성을 이야기했지만 이것은 마치 쇠사슬에 매어 있는 개를 관찰하고 개의 본성을 말하듯이 그릇된 것이라고 니일은 말했다. 즉, 프로이드는 여러 세대에 걸친 생부정적인 쇠사슬에 매어온 어린이들을 관찰하고 내린 결론이라는 것이다. 자기의 관찰에 의하면 자유 속에서 생활하는 어린이들은 매우 관대하고 친절하다고 말했다. 그래서 자기 학교에서는 어린이들이 우는 일이 매우 적고 50여 년 동안에 코피를 흘릴 정도로 치고받는 싸움을 본 일이 거의 없다고 말했다. 전교자치회의 예에서 보는 바와 같이 자기 학교에서 어린이들은 도둑질한 어린이에게 벌 대신 훔친 물건의 반환만을 요구하고 도움이 필요하면 협력해 도와주는 관대성을 보인다고 했다.

(6) 어린이는 매우 공상적이다

니일은 어린이들의 생활에서는 공상과 현실이 매우 밀접하게 연관되어 있어서 다른 사람들이 그들의 공상을 방해해서 현실을 일깨워 주지 않는 한 하루 종일이라도 공상의 세계에서 즐겁게 놀 수 있다고 말했다. 즉, 어린 여자아이들이 같은 베개 하나를 가지고 아기로, 때로는 공주님으로 때로는 마귀할멈으로도 삼고 즐겁게 놀 수 있는 것도 이 때문이라는 것이다. 또 놀이에 열중해서 옆에서 부르는 소리를 잘 듣지 못하고 부탁받은 심부름이나 귀가할 약속시간 등을 까맣게 잊어버리는 일이 많은 것도 이 때문이라 볼 수 있을 것이다.

(7) 어린이 시절은 놀이 시대이다

어린 시절은 노는 시절이다. 따라서 어린이가 노는 능력을 잃어버렸을 때는 심리적으로 죽은 것이며 그와 접촉하는 어린이들에게도 위험이 된다고 보았다. 그러나 니일이 여기서 이야기하는 놀이는 팀을 짜고 규칙에 따라서 하는 정구·배구·농구 같은 조직된 놀이가 아니라, 어린이들의 공상이 깃든 자유로운 놀이인 타잔 놀이나 전쟁놀이·소꿉장난·진흙탕놀이 등을 의미했다. 어린이의 생활에 있어 놀이는 무엇보다도 가장 중요하게 생각해야 한다고 그는 거듭 강조했다.

(8) 어린이들은 창조적이다

어린이들은 매우 창조적이며, 자기들의 재능과 독창력을 발휘하는 데 필요한 도구를 갖추기 위해서는 매우 열심히 공부한다고 했다.

어린이들 자신이 필요를 느껴서 하는 공부는 매우 열성이 깃들어 있기 때문에 강제로 공부해야 하는 어린이들에 비해 훨씬 단시일에 좋은 성과를 거둔다고 했다. 그러나 대체적으로 어린이들은 8, 9세를 지내고 난 14세경부터 본격적으로 공부하기 시작하여 대학입학 시험에도 잘 합격한다고 했다. 그는 오늘날의 학교들이 너무 일찍부터 어린이들의 의사와는 관계없이 공부를 강제함으로써 그들의 창조성을 크게 말살시키고 있다고 주장했다.

(9) 어린이들은 일하기 싫어한다

3세에서 8세 정도에 이르는 아주 어린 아이들과 8, 9세에서 19, 20세까지 정도의 좀 더 큰 어린이들과의 사이에는 일에 대한 태도에 차이가 있다고 했다. 3세에서 8세 정도의 아주 어린

아이들은 일을 함으로써 공상 속에서 자기와 어른들과를 동일시하기 때문에 보상 같은 것은 전혀 생각 않고도 열심히 일한다고 한다. 예를 들면 신문 주워오기, 이사할 때 가벼운 짐을 나르는 일 등을 동네 꼬마들이 열심히 하는 모습들이 그것이다. 그러나 8, 9세에서 19, 20세까지의 대부분의 큰 어린이들은 따분한 육체적인 일 같은 데에는 전혀 흥미 없어한다는 것이다. 혹시 기꺼이 한다고 하더라도 그것은 일 자체에 흥미가 있어서가 아니라 그 일을 함으로서 얻어지는 보상, 즉 어머니를 기쁘게 해드리는 일, 혹은 그 결과로 얻게 되는 용돈이나 맛있는 것 등에 대한 관심 때문이라는 것이다. 따라서 니일은 자기 생각 같아서는 가능한 한 18세까지의 어린이들에게는 일을 시키지 말고 자유로이 행동하도록 하는 것이 좋다고 말했다. 어린 시절에 실컷 논 어린이는 자란 후, 어린 시절의 놀이에 대한 미련이 남아 있지 않아 따분한 직업의 일에도 열심히 몰두할 수 있다고 말했다.

(10) 어린이들은 이기적이다

어린이들은 우주의 중심을 오직 자기로 생각하는 지극히 자기중심적인 존재이다. 따라서 매우 이기적이다. 다른 사람을 생각하거나 배려하는 이타적인 단계는 이러한 이기적인 단계가 진화 발달하여 비로소 나타날 수 있는 것이다. 남을 사랑하는 애타주의는 아동기가 지나고 나서야 비로소 발달하게 된다. 따라서 이러한 시기에 이르기 이전인 너무 일찍부터 어린이들에게 남에 대한 애정이나 감사 또는 존경을 기대하고 요구하면, 어린이는 마음에서 그러한 감정이 우러나서가 아니라 오직 요구받기 때문에 하는 위선적인 태도로서만 이런 것을 보일 수 있다고 했다. 즉, 예를 들면 엄마의 친구인 아줌마가 초콜릿을 사다 주는 경우에 3, 4세의 어린아이는 보는 순간 덥석 그 초콜릿을 잡으려고 한다. 그런데 이때 엄마나 아줌마는 초콜릿을 뒤로 감추고 두 손을 모아 공손히 "주세요"하고 받고는, 고개를 숙여 "감사 합니다"고 인사하라고 시킨다. 이때 어린이는 초콜릿에만 관심이 있지 그것을 가져다 준 사람에게는 관심이 가지 않는다는 것이다. 그런데도 자꾸 고개를 누르며 숙여 "감사합니다"고 하면서 두 손을 모아 공손히 받아야만 준다고 했을 때, 어린이는 "감사합니다"고 하는 의미를 몰라도 그런 동작을 했을 때 초콜릿을 얻게 된다는 사실을 눈치 채고 다음부터는 그렇게 해서 얻고 싶은 것을 얻는다는 것이다. 따라서 이런 어린이는 커서도 공손히 감사하는 말이나 인사를 아무리 잘한다 하더라도 그것이 마음에서 우러나는 참다운 것이 아니라 기계적으로 습관화된 동작일 뿐이라는 것이다. 이와는 반대로 어린이가 아무 말 없이 덥석 초콜릿을 받아먹는 것을 허용하는 경우, 자기에게 이런 맛있는 좋은 것을 가져다주는 사람에 대해 어린이는 차츰 호의를 느끼게 되고 그래서 어린이도 그 사람을 좋아하게 되고 사랑하게도 된다는 것이다. 그리고 나중에는 고마움도 느끼게 된다는 것이다. 이와 같이 이기적인 심리단계에 있는 어린이들로 하여금 이 단계를 충분히 누릴 수 있도록 허용하는 일이야말로 이러한 단계를 잘 졸업하고 다음 단계, 즉 이타적인 단계로 나갈 수 있게 해주는 일이라고 보았다. 그렇지 않으면 심리적 고착상태를 일으켜 일생 동안 이기적인 단계를 벗어나지 못하고 여기에 머물러 있게 되므로 아직 준비가 되어 있지 않은 어린이들에게 애타적 이길 기대하거나 강요하는 일이야말로 일생 동안 가장 이기적인 인간을 만드는 지름길이라고 말했다. 또 한편 인간에게 있어서 이기적인 요소는 일생 동안 결코 완전히 없어지는 것은 아니라고도 말했다.

(11) 어린이들의 흥미는 직접적이다

어린이들의 관심과 흥미는 자기 주변의 당장 가까운 지금의 직접적인 것에만 쏠려 있다는 것이다. 따라서 먼 훗날의 미래 같은 것은 그들의 염두에 없으며, 사회의식이나 사회적 책임감 같은 것도 18세 이상이 되어야만 비로소 나타난다고 니일은 보았다.

즉 어린이들은 현재의 생활에 열중하고 그 생활을 하기에 너무 분주하여 미래 같은 것을 생각할 겨를이 없으며, 따라서 지금 같은 것에도 관심이 없는 존재들이라고 그는 보았다.

(12) 게으른 어린이는 없다

본성적으로 원래 게으른 어린이는 없다는 것이다. 어린이들이 게으른 경우에는 그 일에 흥미가 없거나 건강이 좋지 않아 기운이 없는 때이라고 했다. 즉, 수학시간인 교실에서 그렇게도 기운이 없고 게으르던 어린이도 시간이 끝나 운동장에 나가서 축구를 하기 시작하면 비호처럼 날쌔게 몇 마일이고 달린다는 것이다. 또 집안일을 거들 때 그렇게도 기운 없어 힘들어하던 어린이가 그날 밤 댄스파티에 가서는 하룻밤 사이에 25마일이나 걷는 셈인 밤새껏 춤을 추고도 피곤한 줄 모른다는 것이다. 건강한 어린이는 게으를 수가 없고, 하루 종일 무엇인지를 하면서 분주히 지낸다고 했다.

(13) 어린이는 작은 원시인이다

어린이는 시끄럽게 떠들기를 좋아하고 진흙탕놀이를 즐기며 정돈할 줄을 모른다고 했다. 니일에 의하면 어린이들은 공상 가운데에서 어떤 놀이를 하거나 무엇인지를 만드는 창조적인 활동을 하기에 바빠서 주위가 어지럽혀져 있거나 더러워져 있음을 전혀 의식하지를 못한다. 이러한 현상은 남녀 간에 마찬 가지여서 여자아이들이라고 해서 더 깨끗하거나 정돈을 잘하는 것이 아니라고 했다. 그러다가 사춘기에 들어가서야 주위를 정돈하고 깨끗이 하기 시작한다고 그는 말했다.

그리고 어린이들은 어른과 전혀 다른 가치관을 가지고 있으므로 어린이들 자신이 문화적인 교양을 요구하기까지는 되도록 형식을 벗어난 원시적인 환경 가운데서 자유롭게 생활할 수 있도록 해주어야 한다고 그는 주장했다.

(14) 정상적인 어린이도 물건을 훔친다

니일은 신경증적인 문제아들뿐만 아니라 자연스럽고 정상적인 어린이들도 기회가 주어지면 남의 물건을 훔친다고 했다. 그에 의하면 남의 것을 훔치는 데에는 두 종류가 있는데, 첫 번째는 단지 소유욕의 충족이나 모험심에서 하는 정상적인 어린이들의 도둑질로, 어린이들이 사랑에 의해 길러지고 있는 경우에는 시기가 되면 그 단계를 졸업하고 정직한 인물이 된다고 보았다. 시골에서 동네아이들이 밤에 남의 밭에 들어가 참외나 수박을 따다 먹는 참외서리·수박서리 같은 것이 이 경우이다.

두 번째는 신경증적인 어린이들이 하는 습관적이고 강박적인 도둑질로, 이것은 애정의 결핍에서 오는 경우라고 했다. 이런 어린이들에게 있어 도둑질은 무언가 커다란 가치 있는 것을 얻으려는 상징적인 행위로서 돈이나 시계·보석 등을 훔친다. 이러한 행위의 무의식적인 갈망은 사랑을 훔치는 일이다. 나중에 왜 그때 자기가 그런 행동을 했는지 자신도 모르겠다는 식의 무의식적인 동기에서 일어난다고 설명했다.

그리고 부모의 사랑의 결핍과, 성에 대한 지나친 금지가 겹쳐서 생기는 도벽증(盜癖症)이라는 것이 있다. 이것을 고치는 방법은 금지시킨 사람이 자기 잘못을 깨닫고 그 태도를 고쳐 취소하도록 하는 길이 가장 좋다고 니일은 말했다. 또한 신경증인 어린이의 도벽 치료의 길은 어린이를 인정해 주고 심적 갈등이 일어나지 않도록 그릇된 양심을 약화시켜 주는 길이라고 그는 주장했다. 그래서 교장인 니일은 문제아 치료를 위해 밤에 어린이와 함께 옆집 닭을 훔쳐온 적도 있었다.

(15) 어린이들은 흔히 거짓말을 한다

어린이들은 흔히 거짓말을 하는데, 거기에는 몇 가지 경우가 있다.

첫 번째 경우는 어린이가 참말을 했다가는 벌을 받을지 모른 다는 두려움에서 거짓말을 한다. 집을 보며 놀다가 화병을 깨 뜨렸을 경우, 어머니에게서 매 맞을 것이 두려워 "자기는 모른 다"고 말하는 경우이다. 이것은 매 맞을 두려움이 없다면 거짓 말을 할 필요도 없어진다. 그러므로 어린이가 고의가 아닌 실 수로 이런 것을 깨뜨렸을 경우에는 매를 때리지 말고 너그럽게 주의만을 준다면 자연히 이런 거짓말은 사라진다고 했다.

두 번째는 공상에서 오는 거짓말이다. 예를 들어 길거리에서 송아지만한 개를 보았다고 말하는 경우이다. 이것은 어른 낚시 꾼이 손가락만한 붕어를 놓치고도 손바닥만 한 큰 것으로 생각 하며 아쉬워하듯이 그 어린이의 공상세계에서는 그렇게 크게 느껴져 하는 말인 것이다. 이런 때는 염려하거나 고치려 들 것 이 아니라 오히려 어린이에게 그런 거짓말을 실컷 하도록 허용 해 주어야 한다고 했다.

세 번째는 어른들을 본 따서 하는 거짓말이다. 받고 싶지 않 은 전화는 집에 있으면서 없다고 하라고 따돌리거나, 남에게서 무엇을 받고 내심으로는 전혀 고맙지 않으면서 "감사합니다"고 말하는 경우 등이 있다. 이런 어른들의 거짓말은 상대방의 기분이나 체면을 생각해서 하는 애타적인 것으로 어린이들도 어른들을 본따 이런 거짓말을 하게 된다. 이런 것은 걱정할 필요가 없는 것이다. 그러나 이런 것이 나쁘게 생각될 정도거든 먼저 어른들이 되도록 그런 거짓말을 하지 않도록 해야 한다고 했다.

어린이들에게 있어 거짓말은 극히 작은 결점에 불과하나, 허위의 생활은 큰 재난이며 거짓의 생활을 하고 있는 부모는 매우 위험하다고 했다. 니일은 어린이로 하여금 거짓말쟁이가 되게 하는 길은 "참말을 하라. 오직 참말만을 하라"고 강조하는 일이라고 했다.

(16) 많은 어린이들이 자위행위를 한다

대부분의 어린이들이 자위행위를 하는데, 자위가 좋지 않은 것이라는 생각을 어려서 어머니를 위시한 주위 사람들로부터 받아들이게 되어, 이것이 어린이들의 문제의 기초가 된다고 했다. 왜냐하면 자위행위는 행복에의 원망의 충족이며, 최고의 긴장을 구하는 것인데, 그 행위가 끝나자마자 도덕적으로 심어진 양심에 의해 갈등을 느끼기 때문이라는 것이다. 따라서 자위행위의 문제는 교육에 있어서 가장 중요한 문제로 이것이 해결되지 않으면 학과의 훈육이나 운동경기도 모두 의미 없는 무용한 것이 된다고 그는 보았다. 그러므로 자위행위를 책하지 않으면 쾌활하고 행복한 열의 있는 어린이가 된다고 주장했다.

(17) 어린이들은 죽음에 대해 별 관심이 없다

정상적인 어린이들은 생에 대해 흥미와 관심에 차 있을 뿐 죽음에 대해서는 별 관심이 없다고 보았다.

교육의 기본 이념

생의 궁극적인 목적과 교육의 목표를 다 같이 행복의 발견과 그 준비에 있다고 생각한 니일은 행복과 자비와 용기를 갖춘 인물의 양성을 교육의 목적으로 삼았다.

그러나 현대의 가정과 학교에서 행해지고 있는 교육은 생활의 자연적인 만족인 "인간의 내적 행복"을 전혀 무시한 교육이어서 이것이 현대의 "병든 세계"를 만드는 근본 원인이 된다고 그는 보았다.

즉, 어린이들을 육아실의 요람에서부터, 주인의 비위를 잘 맞추고 지시에 잘 따르는 강아지를 훈련시키듯, 시간제 수유(時間制授乳)나 청결의 강요 등으로 어린이의 본성을 무시한 훈련을 강행함으로써 신경증적이고 상징적으로 거세(去勢)된 인간을 만들어낸다고 그는 주장했다. 그리고 학교에서는 생활에 별 도움도 되지 않는 지식 위주의 교과학습의 강요, 시험을 위한 암기위주의 교육, 점수나 통지표 등으로 아동들의 불필요한 우월감과 열등감과 경쟁심만을 조장하고 권위주의적인 명령·훈육·징벌 등으로 그들의 감정을 무시하고 두뇌만을 중시하는 교육을 행한다고 비판했다. 그 결과 학생들로 하여금 미숙한 감정적 요소를 못 벗어나서, 사고(思考)를 감정에 조화시킬 능력이 없는 부자연스런 존재가 되게 했다는 것이다. 그리고 사회적 양심이 원시상태에 머물러 있게 함으로써 흔히 폭력이 횡행하며 전쟁의 위협에 전전긍긍해야 하는 불행한 세대를 낳게 했다고 오늘날의 우려되는 청소년문제의 원인을 자기 나름대로 규명하고 있다.

"오늘의 교육은 어린이들의 행복을 책상과 학과와 공포와 처벌로 망치는 제도라고 할 수 있다.… 어린이의 행복에의 요구가 모든 교육제도의 제1차적인 목표가 되지 않으면 안 된다. 학교의 성패는 학문적 성취가 아니라 학생들의 얼굴 표정으로 판단해야 한다.

이 세상의 젊은이들은 행복을 추구한다. 나는 가정과 학교에서의 그들의 불행이 반사회적인 존재가 되게 하는 근본 원인이라고 생각한다."

다음의 일화에서 니일의 교육에 대한 기본적인 생각을 알 수 있다.

처음 학교를 시작했을 무렵 버트란드 러셀이 부인 도라와 함께 새로운 학교를 시작해 보려고 서머힐을 찾아와 일주일쯤 머물다 간 일이 있었다. 유머와 위트에 넘치는 러셀을 모두들 좋아했는데, 어느 별이 무척 아름답던 날 밤, 니일과 러셀이 함께 산책을 나섰다. 그때 니일이 러셀에게 말하기를 "이봐 러셀, 그대와 나의 견해의 차는 이런 거겠지. 만약 우리가 지금 각각 아들을 데리고 있다면, 그대는 별에 대해 여러 가지를 아이에게 가르쳐 주고 싶다고 생각할 테지. 그러나 나는 아무 말도 하지 않고 가만히 두어 아이 스스로가 느끼도록 하는 것이겠지."그리고 이어 "이런 말을 하는 것이 내가 별에 대해서는 전혀 무지하기 때문인지도 모르지만"하자 러셀은 크게 웃음을 터뜨렸다고 한다.

어린이들을 본래 선하고 현명하며 현실적이고 발전가능성을 가진 존재로 보았던 니일은, 어린이들에게 그 자신의 생활을 허용하는 자유에 입각한 교육을 할 것을 강력히 주장했다.

그는 행동면에서 뿐만 아니라 학습의 면에서까지도 어린이들의 자율적인 학습, 즉 어린이들의 임의에 맡겨지는 교육이어야 한다고 생각하여 학과수업시간 출석의 강제와 종래의 도덕교육·종교교육 등의 철폐를 주장했다. 개근·시험·통지표 등으로 표현되는 학습의 강제는 어린이의 창조적 활동을 방해하여 커다란 손실을 가져오게 할 뿐만 아니라 어린이들에게 해로운 공포심을 심어주고 쓸데없는 죄의식에 사로잡히게 하고, 성격을 어떤 틀 안에 집어넣는 등 여러 가지 곤란한 문제의 근원을 만든다고 보았던 것이다.

어린이의 생활에서 노는 일을 가장 중요시했던 그는 놀이를 학과공부보다 우선에 두어야 한다고 주장했다. 즉, 그는 아동의 심리적 발달과 신체적 발달에 적합한 교육을 할 것을 주장했다. 그러나 이처럼 자유를 중시한 니일이지만 자칫 이 자유가 방종에 흐를 것을 경계하고 참다운 자유는 자율이어야 한다고 강조하며 자치(自治)의 교육적 가치를 크게 중시했다.

그는 또한 건전하고 정상적인 생활을 위한 기본적인 것으로 남녀공학을 주장했다.

그는 교사의 역할을, 어린이들의 흥미가 어느 곳에 있는지를 발견, 그들이 그 흥미를 충분히 만끽할 수 있도록 하여 새로운 다른 흥미에로 나아갈 수 있도록 돕는 일이라고 보았다. 심지어 그는 가장 훌륭한 교수법은 어린이들에게 가르치려 들지 않는 것이라고까지 말했다. 가르치려 들지 않는 대신 어린이에 대한 신뢰를 가지고 자유에 입각하여 어린이들에게 애정과 인정과 이해와 존경으로써 두뇌보다도 감정을 더욱 소중하게 생각하는 교육을 행할 때, 이 세계는 구원될 수 있다고 보았던 것이다.

다음에 교육을 지적 교육·정적 교육·신체 교육 및 성 교육의 면으로 나누어 그의 생각을 좀 더 상세히 살펴볼까 한다.

지적 교육관(知的敎育觀)

놀이나 창조적인 활동을 통해 어린이들의 재능과 감정을 자유롭게 해주었을 때 자연히 지성도 활발히 활동하게 된다고 생각한 니일은 학과공부에 대한 자기의 견해를 다음과 같이 피력했다.

"학과공부는 중요한 것이지만 모든 사람에게 중요한 것은 아니다.… 창조적인 사람은 자기의 독창력과 재능이 필요로 하는 도구를 갖추기 위해서 자기가 배우고 싶은 것을 배운다. 교실에서 학습이 강제되기 때문에 얼마나 많은 창조성이 손상되고 있는 지 모른다."

그는 오늘날 학교에서 모든 사람에게 일률적으로 부과하는 학과공부는 잘못된 것이며, 이러한 억지로라도 누구나가 공부해야 한다는 학습의 강제는 어린이의 참으로 배우고 싶어 하는 학습의 의욕과 흥미를 오히려 말살시킨다고 보았다.

그리고 또 각기 다른 재능과 흥미를 가진 어린이들에게, 혹은 아직 놀고 활동하고 싶어 하는 어린이들을 의자에 억지로 붙들어 앉혀 놓는 일은 그들의 창의성을 손상시킬 뿐만 아니라 오히려 수업혐오증(授業嫌惡症)에 걸리게 하는 역효과를 낸다고 그는 보았다. 그리고 소년소녀시절에 학교에서 시키는 학과공부의 대부분은 단지 시간과 정력과 인내심의 낭비에 불과하다고 말했다. 그리고 이는 어린이들에게 절대적으로 필요한 놀 권리를 박탈하여 어린이의 어깨 위에다 어른의 머리를 갖다 올려놓는 일이라고 오늘날의 교육을 신랄히 비판했다.

니일은 자기의 관찰에 의하면 어린이들에게는 신체적 · 심리적·발달단계가 있어, "갱"연령기, 즉11~12세가 지나기까지는 그야말로 야만인이나 원시인처럼 활발한 활동과 공상이 깃든 놀이에만 열중하여 대체로 학과공부에는 별 관심이 없다고 했다. 그러나 이 시기를 유감없이 만끽한 생활을 했을 경우, 특히 머리가 좋은 어린이들은 14세경부터 열심히 공부하기 시작해서 수업이 강제인 다른 학교에서 8년 간에 걸쳐 하는 공부를 단 2~3년 만에 거뜬히 해내는 훌륭한 성과를 거둔다고 말했다. 따라서 그는 전문적인 학과 공부는 오늘날에 비해 상당히 늦게 가서야 시작하는 편이 좋다고 다음과 같이 말했다.

"자유가 주어진 모든 어린이들은 수년 간을 연중 놀기만 한다. 그러나 때가 오면 우수한 어린이는 조용히 앉아 국가고시에 나오는 학과목들을 공부하려고 애를 쓴다. 그래서 강제된 어린이들이 8년 간에 걸려 공부하는 내용을 이들은 2년 남짓한 기간에 해낸다."

그는 또 자유와 창작교육을 중시하여 책에 대하여 다음과 같이 말함으로써 많은 사람들로부터 비판의 대상이 되었다.

"책은 학교에서 가장 덜 중요한 교육도구로서, 어느 어린이에게나 필요한 것은 읽기·쓰기·셈하기에 불과하다. 그 외에는 무엇을 만들 수 있는 도구와 진흙, 스포츠와 연극·그림, 그리고 보다 많은 자유이어야 한다."

그는 또한 시험에 대해 "오늘날의 좋지 않은 시험제도 때문에 많은 어린이들이 감정과 신체를 희생으로 하여, 머리의 발달을 기하고 있다"고 비판했다. 시험은 어린이의 생활과 행복을 희생시키는 근본 원인으로 참다운 학습을 증오하게 만드는 유해한 것이라고도 했다. 그는 또한 "대학시험은 저주스러운 것"으로 학과공부가 시험의 요구에서 해방된 상태에서만 모든 어린이들이 자기가 배우고 싶은 학과목들을 취미로 삼아 즐겁게, 그리고 열심히 공부하게 될 것이라고 주장했다. 즉, 그는 "시험의 미신은 진정한 교육을 파괴 한다"고 믿었던 것이다. 니일은 또한 지능검사도 결코 중요시하지 않았다. 그 이유는 이 검사가 두뇌에 관계되는 것들만을 측정할 뿐, 인간에게 더욱 중요한 상상력이나 유머, 창작력 등은 전혀 측정하지 못하는 제한된 가치밖에 가지고 있지 못하기 때문이라고 했다.

그는 또한 통지표도 배격했다. 이유는 그것이 학과에 대해 그릇된 태도를 가진 교사들에 의해 작성된 것으로 어린이들의 자신감을 잃게 하고 그들에게 불필요한 공포심을 일으키기 때문이라 했다. 아버지가 화낼 것을 알면서, 싫은 통지표를 들고 집에 돌아가 본 경험이 있는 사람이면 잘 알 것이라고 그는 말했다.

그는 숙제도 배격했다. 그 이유는 어린이들이 숙제를 무척 싫어하는 것만으로도 설명이 되며, 그것은 어린이들의 생활에 무거운 짐이 되기 때문이라고 했다.

니일은 또한 어린이들이 무엇인지를 학습하고 있지 않으면 시간을 낭비한다고 생각하는 사고방식은 그릇된 것이라고 주장했다.

따라서 "놀이에 의해 배우게 한다"는 몬테소리의 방법이나 "유희법"이라는 책의 저자인 콜드웰 쿠크가 제시한 방법에도 자기는 찬성할 수 없다고 말했다. 그 이유는 이러한 방법들이 썩 훌륭하긴 하지만 결국 학습을 가장 중요시하는 이론을 지지하는 입장에 선 새로운 방법에 불과하기 때문이라는 것이다.

정적 교육관(情的教育觀)

니일은 1945년에 출판한 "학교에서는 두뇌보다도 감정을"이라는 책에서 현대의 교육이 감정을 무시하고 지식위주의 두뇌교육에만 치중한 나머지 전쟁을 위시한 세계의 불안과 불행의 원인을 만들었다고 다음과 같이 말했다.

"인간성이 조금도 진보하지 않은 것은 우리들이 두뇌만을 문제 삼고, 감정을 문제 삼지 않기 때문이다. 우리들의 두뇌는 여러 가지 물건을 발견해 냈다. 그러나 우리들의 감정은 그 사용방법을 모른다. 진보된 과학의 발명은 노트르담의 폭격이나 독가스를 만들어내는 결과를 가져왔다. 그 때문에 내가 이 책에서 강조하고 싶은 것은 감정과 두뇌가 연결되는 방법으로 교육이 행해져야만 한다는 주장이다. 그러나 이것은 교과과정이나 교육법규나 교과서에 의해 행해질 수 있는 일이 아니다."

니일은 인간의 본능과 자연성을 선하게 보는 대신 악하게 보는 그릇된 생각에서 출발한 종교교육과 인간을 이성적 존재로 생각하여 무의식적 동기를 무시한 채 의지에 의해 행동이 좌우될 수 있다고 보아 외부로부터 양심을 주입시키려 드는 도덕교육은 다같이 그릇된 것이라고 말했다. 그는 또 사회적 관습에서 오는 억압이 모여 인간의 자연적 성정을 발휘할 수 없게 만들고 이로써 내심에 갈등을 일으켜서 사람들을 신경증적이 되게 하며, 문제를 일으키는 원인이 되게 한다고 보았다.

따라서 그는 목사·교사·부모들이 행하는 권위와 억압에 의한 종교교육과 도덕교육이 주는 죄의식·공포심·자기혐오감과 이에서 출발한 증오감에서 놓여날 때 비로소 본래의 성실성과 선량함을 되찾고 행복해질 수 있다고 믿었다.

즉, 인간은 외부로부터 어른들에 의해 주입된 양심에 의해서가 아니라 어린이들 자신의 공동생활경험과 민주적인 자치생활을 통해 자신이 내부로부터 생산한 건전한 양심에 따라 생활하도록 하여야 한다고 주장했다.

그러기 위해서는 어린이들에게 자유를 허용해야 하는데, 자유를 허용한다는 것은 어린이들에게 그들 자신의 생활을 시키는 것을 의미하며, 그러기 위해서는 종교나 정치를 가르치거나 계급의식을 주입시키거나 하는 일을 피해야 한다고 주장했다.

그는 또한 외적 강제의 해로움을 강조하여 다음과 같이 말했다.

"나는 권위로 어떤 일을 시키는 것은 잘못이라고 믿는다. 어린이는 스스로가 그 일을 해야 한다는 의견—자기 자신의 의

견—을 갖게 되기까지는 어떤 일이든 시켜서는 안 된다. 그것이 법왕으로부터 왔던 국가로부터 왔던, 교사로부터 왔던, 부모로부터 왔던, 인간에게의 저주는 외적인 강제이다. 그것은 몽땅 파시즘이다."

따라서 어린이 때는 어린이 자신의 흥미에 따라 살도록 하고 어린이들의 개인적 흥미와 사회적 흥미가 충돌할 때에는 개인적 흥미를 먼저 허용하여 그들의 정신을 개방시켜 주어야 한다고 주장했다.

또한 니일은 어린이들의 학과공부보다 놀이를 중요시하고 어린이들이 보다 많은 자유와 미술·공작·음악·댄스·연극 등 창작활동을 할 수 있도록 할 것을 강조했다.

그는 또한 어린이들에게 있어 가장 좋은 것은 어른들에 대하여 공포심을 갖지 않는 것이라 했다. 따라서 그들에게 필요한 것은 설교나 벌이 아니라 사랑과 이해와 인정과 자유뿐이며, 이러한 것들이 어린이들을 행복하고 선량하게 만든다고 주장했다.

이러한 상태에서 어린이들은 관대하고 성실하며, 친절하고 개성적이며, 창의적이고 용기 있고 자신감을 가진 행복하고 균형 잡힌 인간으로 자라간다고 니일은 주장했다.

신체(身體) 및 성 교육관(性敎育觀)

빌헬름 라이히로부터 많은 영향을 받았던 니일은 신체와 정신과의 밀접한 연관성을 믿고 심리적 억압, 특히 성적 억압이 신체의 강직이나 병을 유발시킨다는 견해를 가졌다. 따라서 자위에 대한 죄악감으로부터의 해방, 기타 육체적·심리적 억압으로부터 해방된 자유로운 분위기야말로 건강에 가장 중요하다고 보았다.

그 다음으로는 좋은 식사가 건강에 필요하다고 보았으나 식사의 내용은 어린이들 자신이 그들의 신체적 요구에 따라 선택하도록 해야 한다고 말했다. 종래의 어른들의 생각에 따른 식사의 간섭과 식사량의 강요 등은 좋지 않다고 보았다.

그 밖에 어린이들에게는 많은 운동이 필요한데 그것은 조직된 의미의 운동이 아니라 어린이들 자신의 공상이 깃든 자유로운 놀이를 의미했다.

니일은 신체와 관련된 교육으로 성교육을 특히 강조했다. 인간의 심한 신경증은 아주 어려서의 성적 금지, 즉 성기에 손을 댔을 때는 손을 때리거나 급히 치움으로써 나쁜 짓, 불결한 짓으로 생각하게 하는 그릇된 부모의 태도에서 비롯된 것이라고 했다. 어린이들에게 있어서의 성적 유희는 자연스러운 것이며 건강한 행위로서, 어려서 성기에 손을 대는 일이 허용된 어린이들은 장차 성에 대해 성실하고 행복한 태도를 가진 건전한 성인으로 성장하게 된다고 그는 말했다.

또 그는 강간이나 성적 살인, 불행한 결혼, 신경증적인 어린이 등 모든 종류의 성적 범죄나 성적 이상은 어려서 성을 인정하지 않았던 데에서 온 직접적인 결과이므로 어린이들의 성적 유희를 인정하여 밝은 것이 되게 하는 길이야말로 이 문제를 해결할 수 있는 첩경이라고 주장했다.

그는 또한 성은 인생에 있어 최고의 쾌락을 제공하며, 애정이 수반된 성은 최고의 황홀경에 이르게 한다. 즉, 그것은 두 사람이 서로 주고받는 최고의 경지이기 때문이라고 설명하면서 성을 증오하는 사람은 생을 증오하는 사람으로 결코 이웃을 사랑할 수 없다고 말했다. 성 증오의 극단적인 형태는 사디즘에서 볼 수 있다고 했다. 만족스러운 성생활을 갖는 자는 결코 동물을 학대하거나 사람을 괴롭히거나 교도소를 지지하지 않으며, 성 증오는 결국 나아가 전쟁에 있어서의 증오의 표현을 지지하여 원자력과 핵에 의한 파괴로까지 가게 하는 전주곡이 된다고 말했다.

그리하여 니일은 어려서부터 성에 대한 올바른 자세를 갖도록 어린이들을 기르는 성교육의 필요성을 역설했다.

그러면 올바른 성교육을 어떻게 행할 것인가? 그는 어린이들의 성에 대한 질문에 대하여 자연스러운 태도로 정직하게 대답하여 주면, 이에 대한 어린이들의 태도 역시 극히 자연스럽게 된다고 말했다. 그러나 이때 과학적 성교육뿐만 아니라 감정적 내용도 함께 일러주어야 한다고 그는 말했다.

프로이드와 그의 일파 사람들이 유아 성욕을 강조하고 자위에 대해 어린이들은 생래적으로 죄악감을 갖는다고 이야기했지만, 니일은 자유 속에서 자율적으로 자란 자기 딸 조우이를 볼 때 그것은 그릇된 견해라고 말했다. 즉, 이 아이는 목욕탕에서 어른들이 옷을 벗은 모습이나 화장실에서의 모습을 보아왔고 성적인 질문에 대해 정직하고 올바르게 설명 받음으로써 자기 자신의 성에 대해서 특별한 흥미를 나타내지 않았으며 부모나 친구들의 성에 대해서도 마찬가지였다고 그는 설명했다.

성이, 나쁜 것, 부끄러운 것이어서 어른들이 어린이들에게 말을 못해 주는 것이 아니라 사실은 너무 좋은 것이어서 말을 해 줄 수 없는 것이라고 그는 말했다. 그는 자위의 문제에 대하여 다음과 같이 말했다.

"자위의 문제는 교육에 있어 지극히 어려운 문제이다. 자위 문제가 해결되지 않는 한 학과 · 기율 · 게임은 모두 헛되고 쓸데없는 일이다. 자위의 자유는 정말로 자위에 대하여 큰 흥미를 느끼지 않는 즐겁고 행복하고 부지런한 어린이를 만든다. 자위의 금지는 비참하고 불행하고 감기와 유행병에 걸리기 쉽고, 자신을 미워하고 끝내는 다른 사람을 미워하는 어린이를 만든다. 나는 서머힐 어린이들의 행복의 근본 이유는 성적 금지가 가져오는 공포와 자기 혐오의 제거에 있다고 하겠다."

교사 교육관(教師教育觀)

니일은 그의 책 "문제의 교사"의 첫 장(章) "교사란 무엇인가?"에서 어린이들은 흔히 교사가 되고 싶어 하지 않는다고 쓰고 있다. 그 이유는 영원히 교과서로부터 해방되고 싶은 소망 때문이며 또 다른 이유는 교사라면 학과가 연상되기 때문이라는 것이다. 그러나 더 깊은 이유는 끊임없이 성장하기를 바라는 어린이들이 교사는 일생 동안 학교에 머물러야 한다는 사실을 느끼기 때문이라는 것인데, 일찍이 버나드 쇼오가 말했듯이 "자기가 할 수 있는 자는 자기가 하고, 하지 못하는 자가 남을 가르친다"는 말은 옳다고 니일은 말했다.

교사는 어른의 생활에 부딪치기를 두려워하여 언제까지나 어린이로 머물기를 바라는 영원한 피터팬이라고 말하면서 교사를 두 종류로 나누었다.

"교사에게는 대개 두 종류의 미성인(未成人)이 있다. 즉, 어린아이로 머무는 것을 좋아하는 종류와 자기가 성인이 되지 못한 무능력을 증오하는 종류이다. 전자는 이른바 말하는 "생래적 교사"이며 후자는 증오적인 훈련주의자이다. 생래적인 교사는 일을 사랑하고 어린이를 사랑하며, 어린이들도 그를 사랑한다. 그러나 그가 40대의 초기 무렵 노는 것에 힘이 드는 때가 되고, 기계적으로 웃는 얼굴을 보이는 비관주의자가 되어가기 시작하거든 연금을 두둑이 주어 내어보내야 한다.

훈련주의적 교사는 사범학교를 졸업하기 이전에 연금을 주어서 추방해야 한다. 이는 위험한 교사이며, 처음부터 배척해야 할 교사이다. 심리적으로 그는 4학년생인 개구쟁이 대장과 같은 단계에 있다. 그러나 그는 어떤 싸움에서도 항상 이길 수 있는 지위에 있는 개구쟁이 대장인 것이다. 생래적인 교사는 사랑의 피터팬이며, 훈련주의적 교사는 힘의 피터팬이다. 사랑은 어린이를 따뜻하게 해주는 태양이지만 힘은 어린이를 겁나게 하는 밤이다.

 문제의 교사는 자기 자신 속에 있는 어린이다운 점을 증오하는 사람이며, 또한 모든 다른 사람들 속에 있는 어린이다운 점도 증오하는 사람이다. 따라서 이런 종류의 교사는 자기의 일을 싫어하고 있다. 자기의 투쟁적인 성격 때문에 이것을 싫어하고 있는 것이다. 어린이들을 사랑하는 교사는, 어린이를 구부러지게 하고 어린이를 반역시키는 일체의 교육의 부속물들을 증오한다. 그러나 어린이를 증오하는 교사는 어린이로부터 자유와 행복을 빼앗는 훈련과 징벌을 좋아한다."

 니일은 좋은 교사는 종래와 같이 지식만 가르치는 교사가 아니며 어린이들로부터 무엇인가를 끌어내려고 하는 교사도 아니며, 무엇인가를 어린이들에게 주는 교사라고 주장했다. 그에 의하면 좋은 교사가 주는 것은 사랑인데, 사랑이란 어린이를 인정해 주는 것이며, 또 친숙함과 선의라고도 말할 수 있다는 것이다. 좋은 교사는 어린이를 이해할 뿐 아니라 어린이를 인정해 주는 교사이다. 학과를 가르치는 능력의 유무는 이러한 태도에 비하면 사소한 것이라고 그는 말했다.

 그리고 좋고 나쁜 교사의 판단기준은 어린이들이 그를 무서워하느냐 않느냐에 달렸으며, 존경 또한 무서워하는 것과 마찬

가지라고 그는 설명했다.

"그 교사가 맡은 반의 합격률이 매년 100%라고 하더라도 만약 어린이들이 그를 무서워한다면 그는 나쁜 교사이다. 만약 어린이들이 그를 존경한다고 한다면 그도 교사로서 낙제이다. 왜냐하면 존경은 공포를 의미하기 때문이다.

만약 어린이들이 교사를 '선생님 바보'라고 부를 수 있는 일을 못한다면 그 교사는 위험하다."

이상과 같은 그는 어린이에게 공포의 대상이 아니라 사랑과 친근감을 느끼게 하고 어린이들을 이해하고 인정해 주는 교사야말로 좋은 교사라고 말했다.

따라서 교사가 자기 자신을 의식해서 위엄을 버리고 어린이를 지배하려는 생각과 매를 버릴 때, 어린이들도 교사에 대한 공포심을 버리게 되어 참다운 좋은 관계가 성립된다고 주장했다.

니일은 자기가 이상으로 생각하는 사범학교에서 행할 교육내용에 대해 이야기함으로써 교사에게 꼭 필요한 소양이 무엇인지를 다음과 같이 밝혔다.

⑴ 어린이들을 이해하기 위한 아동심리학과 자기 자신을 알기 위한 어른의 행동에 관한 연구를 한다. 이것은 강의를 통해

서가 아니라 어린이들과의 공동생활 속에서, 우정 있고 과학적인 태도로써 행해져야 하며, 어린이란 어떤 것인가, 또 어린이는 무엇을 구하고 있는지를 알아내야 한다.

(2) 모든 종류의 창작활동, 즉 음악 · 무용 · 회화 · 공작 등의 교육을 어린이들을 위해서가 아니라, 장차 교사가 되려는 학생들 자신을 위해서 행한다. 그들이 이런 것을 어린이들과 함께 공부함으로써 보다 넓은 견해와 그들 자신이 더욱 창조적이 되어 학과를 가르치는 데도 단순한 학과 이상의 것을 가르칠 수 있게 된다.

(3) 심리학 이외의 방면에서는 인간연구에 더욱 가치 있는 것으로 학교와 전혀 관계없는 방면의 여러 가지를 취급한다. 즉, 인류학 · 사회학사 · 경제학사 · 정치학과 정치의 실제문제들을 가능한 한 철저히 공부하게 한다. 또 철학은 필수적인 과목이다. 이 과목은 누구의 학설을 알자는 것이 아니라 넓은 세계관을 가지고 모든 것의 원인과 결과를 분별할 줄 알며, 학교라는 한계에 얽매이지 않는 사려 깊은 남녀교사들을 양성하기 위해서이므로 이 점을 명심해서 가르쳐야 한다. 그러기 위해서는

여행이 좋은 방법이다. 그것은 인생을 보다 넓게 바라볼 수 있는 기회를 제공하며 자신에 대해서도 유익한 결과를 가져다주기 때문이다. 그러나 이런 여행은 국가가 일정한 목표와 계획을 세워 외국에 내보내는 식의 여행이 아니라, 문교부가 학생에게 돈을 주고 어디를 가든, 무엇을 하든 일체 상관하지 않을 것이며, 돌아와서도 보고서 같은 것을 내라고 하지 않는 자유로운 여행이어야 한다.

(4) 정치를 중요한 과목으로 삼는다. 그러나 그것은 교사의 편견을 피하게 하기 위한 것으로 정당정치 같은 것을 의미하는 것은 아니다. 이 과목의 강사는 보수적인 사람과 급진적인 마르크스주의자를 함께 채용한다. 그래서 학생들은 각기 원하는 대로 그 어느 한쪽을 택해도 좋고 양쪽을 다 배워도 좋도록 한다.

(5) 과학은 이 학교에서 제2차적인 학과로 취급되며 인문과학이나 창조적인 예술처럼 없어서는 아니 될 것으로는 생각하지 않는다.

(6) 놀이를 학교의 교육과정 중에서 가장 중요한 위치에 둔

다. 이때 말하는 놀이는 종래 학교에서 행하고 있는 조직적인 게임 같은 것을 의미하는 것이 아니다. 그것은 어린이들이 흔히 하는 공상에서 생겨나는 놀이로서 어린이들의 시기는 놀이 시기이므로 어린이의 놀이의 내용을 아는 일은 그들의 지능을 아는 이상으로 중요한 일이기 때문이다.

(7) 교사에게 유머가 필요하다. 교사가 어린이의 놀이를 이해하지 못하고 그들의 놀이 세계에 들어가지 못하면 결코 좋은 교사라고 말할 수 없다. 따라서 교사의 어린이에 대한 태도가 유희적이어야 하기 때문에 유머가 필요한 것이다.

(8) 이 사범학교에서는 교육학이라는 말은 쓰지 조차 않는다. 그 이유는 교육학이 사실은 교육에 화근이 되기 때문이다.

(9) 학습을 돕기 위한 놀이 기구 같은 것은 일체 쓰지 않는다. 그 이유는 놀이는 그 자체가 목적인 놀이이어야지 학습을 위한 수단으로 쓰여서는 안 되기 때문이다.

(10) 출석을 강제하지 않는 자유교육이어야 한다. 출석만을

중시하는 교사는 어린이들의 사물의 가치판단을 그르치게 한다. 즉, 사람에게 학교 간다고 하는 것을 크게 가치 있는 것으로 생각하게 하는 그릇된 생각을 갖게 한다. 어린이들도 어른과 마찬가지로 교실에서 나가고 싶으면 언제든지 나가고 들어오고 싶지 않으면 일주일이라도 교실에 들어오지 않아도 되는 그러한 자유가 주어져야 한다."

   이상과 같이 니일이 이상적으로 생각한 교사는 사랑의 교사로서 인간, 특히 어린이에 대한 풍부한 지식을 가지고, 예술을 이해하며 창조적인 사람, 넓은 세계관을 가지고 사회와 인간생활의 여러 가지 현상을 정확히 이해하고 분별할 줄 알며, 편견에 사로잡히지 않은 사람, 어린이들에게 있어서 학과공부보다도 놀이가 더욱 중요함을 인식하고 유머가 풍부한 사람, 올바른 교육은 출석 같은 것을 강제하지 않는 자유 속에서 이루어진다고 믿는 자유교육의 신봉자이어야 한다고 그는 주장했다.

제3장
교육실천 : 서머힐 학교

유래와 역사

지금까지 살펴본 바와 같은 사상을 가졌던 니일은 서머힐이라는 학교를 세워 자기의 생각을 실천에 옮겼다. 처음 이곳은 자유를 교육에 적용시켜 보는 하나의 실험학교이었으나 나중에는 그 실험 결과를 세상에 보여주는 전시학교가 되었다.

1921년의 설립으로부터 니일 사후까지의 60여 년간의 역사를 7기로 나누어 살펴볼까 한다.

제1기

1921년에서 1923년까지의 3년간으로 독일의 국제학교 시절이다. 니일 자신이 세운 맨 처음의 학교로 이것이 훗날 영국에서의 서머힐의 모체가 되었다.

1918년 제1차 세계대전이 끝나자 세계는 민주주의와 국제주의사상이 현저하게 강조되어, 자유해방의 외침과 함께 세계가 한 덩이가 되어 다시는 전쟁이 없는 평화의 이상향을 건설해 보자는 국제주의운동이 각 방면에서 일어났다. 그래서 정치적으로는 국제연합이 조직되었다. 이러한 당시의 움직임에 호응하여 1919년 가을, 영국을 중심으로 유럽 각국의 선각적인 교육자들이 모여 신교육협회를 결성했다.

이 무렵인 1918년, 니일은 킹 알프레드 학교를 그만두게 되었다. 때마침 신교육협회의 회장인 엔소어 여사로부터 요청을 받아 그가 이 회의 기관지인 "신시대"를 편집하게 되었다.

1921년 이 협회 주최로 프랑스의 깔래에서 제1회 국제 신교육협회의 회의가 열리게 되어 니일도 영국대표로 참가했다. 회의를 마친 후 니일은 친구인 카알 배어 부처와 킹 알프레드 학교의 학부형이던 오토 노이슈태터 박사부처를 방문하기 위해 독일의 드레스덴으로 갔다. 니일은 그곳에 계속 머물면서 그들 친구들과 함께 드레스덴의 교외인 헬레라우에다 국제학교를 세우고 자신은 외국인 학생부의 책임자가 되었다. 이때가 1921년인데 이 학교도 독일 문교부의 감독을 받았다. 당시의 드레스덴은 중부 유럽 문화의 중심지 같았다. 니일은 이곳에서 매일 예술과 음악에 싸여 지내면서 유럽의 각국 사람들과 만났다. 그는 이때 일생 중 가장 흥분에 찬 시기를 보냈는데 여기서 니일은 편협한 국가주의를 벗어나 국제주의자가 되는 세계적인 안목을 길렀으며 문화적인 교양에 널리 눈을 뜨게 되었다.

이 국제학교에는 세 개의 부가 있었는데, 제1부는 리듬 활동과 댄스를 주로 하는 율동부, 제2부는 독일인 학생부, 제3부는 니일이 맡은 외국인 학생부였다.

니일은 이 학교에서 당시 대부분의 학교에서 필수로 과하고 있던 종교교육을 일체 행하지 않았으며, 학생들에게 많은 자유를 허용하며 두뇌보다도 감정을 중시하는 교육을 실시했다. 당시 외국인 학생들은 수업료를 대개 파운드로 납부하였는데 3년 전인 1918년 제1차 세계대전에서 패전한 독일의 환율시세가 형편없었기 때문에 니일은 아주 여유 있는 생활을 할 수 있었다. 이때 니일의 학교 학생 중에는 유태인들이 많았는데 이들 가운데 여러 명이 후에 가스실에서 죽어갔다고 니일은 훗날까지 몹시 가슴 아파했다. 니일은 세계의 각국 어린이들을 어려서부터 함께 어울려 놀고 생활하게 하여 편협한 국가주의적 사고방식에서 벗어난 국제적인 사고방식을 갖게 하고, 자유롭고 민주적인 생활태도를 길러줌으로써 평화롭고 밝은 세계의 장래를 기대할 수 있으리라 믿었다. 그의 학교가 비록 적은 인원의 조그만 학교이지만 그들 어린이들이 마침내 자라 어른들이 되었을 때의 세계를 생각하며 그들에게 커다란 기대를 걸었다. 그러나 일은 순조롭지만은 않아, 독일인들이 좀처럼 움직이려 들지 않았다. 너무나 국가주의적인 그들은 머리로는 자유를 허용한다고 했지만 그것은 어디까지나 제한된 자유였다.

또 독일에서는 법률적 문제가 까다로워 외국인으로서 학교경영하기가 여간 힘들지 않았다. 여기서는 독일어를 배우고 독일식 식사와 습관을 좇아야 하며 여름에는 아침 7시에 일어나 수업을 해야만 했다. 이러한 상황에서 1923년 작센 지방에서 혁명이 일어나자 드레스덴의 거리에는 포탄이 날아들었다. 니일은 자기의 외국인 학생부 학생들을 데리고 오스트리아의 존타이크베르크 산꼭대기의 수도원 건물로 옮겨갔다.

제2기

1923년에서 1924년까지의 1년 간으로 존타이크베르크 산꼭대기에서 지낸 시절이다. 눈 덮인 산꼭대기는 우체부가 올라오기에는 1시간이 걸리지만 내려갈 때는 스키로 10분밖에 안 걸리는 곳이었다. 학교인 수도원 건물 옆에는 돌로 된 성인들의 동상들이 둘러서 있는 교회가 하나 있었는데 이곳은 유럽 가톨릭 신자들의 순례지였다. 이곳 주민들은 독실한 가톨릭 신자들로 일찍이 외국인을 구경도 못한 사람들이 많았다. 그래서 장난이 심한 아이들과, 화형에 처해 마땅한 이교도들에 대한 그들의 증오심은 대단한 것이었다. 한 번은 이 학교의 9세난 독일인 소녀가 수영복차림으로 일광욕을 했다고 해서, 다음날 순경이 찾아와 주민들이 크게 충격을 받고 화를 내고 있다고 전했다. 그 후에도 농부들과 그들의 아내들이 학생들이 목욕하는 연못에다 깨진 유리병을 던져 넣은 일도 있었다.

이 학교에는 오스트리아 학생이 한 명도 없었는데도 그 나라의 법대로 니일이 이 학교에서 종교교육을 실시하지 않는다고 해서 문교부로 불려갔다. 결국 니일은 이 학교를 폐쇄하기로 작정하여 각국의 아이들을 모두 부모들에게로 돌려보내고 영국의 어린이 5명만을 데리고 본국으로 돌아왔다.

제3기

1924년에서 1927년까지의 3년 간으로 영국의 도오세트의 라임 레지스에서의 시절이다. 1924년 아이들을 데리고 영국에 돌아온 니일은 도우세트의 라임 레지스에다 집 한 채를 빌려 학교를 다시 시작했다. 이 집은 언덕 위에 서 있어 서머힐(여름동산이란 뜻)이라 불리고 있었다. 이 무렵에 니일은 릴 부인과 결혼했다. 니일 부처는 "아이들을 학교에 맞추는 대신, 아이들에게 맞추는 학교"를 만들어 보자는 생각으로 철저한 자유에 입각한 교육을 실시했다. 처음 학생수는 5명이었는데 그중 3명만이 수업료의 반액을 내고 나머지 2명은 전혀 내지 않았다. 따라서 학교운영이 어려워 휴양지인 이 고장을 찾는 휴양객들에게 방학 때는 학교건물을 빌려주고 수입을 얻기도 했다.

　이 초기 무렵에는 다른 학교에서 퇴학을 당했거나 문제아인 아이들도 이 학교에서는 받아들였기 때문에 학생들 중에 심한 문제아가 많았다. 이 무렵 니일은 이 문제아들을 개인지도라는 심리적 요법으로 낫게 하려고 열성이었으나 시간이 지날수록 그들을 낫게 하는 것은 심리적 요법이 아니라 자유로운 학교의 분위기라는 것을 차츰 깨닫게 되었다. 그 이유는 자기에게 개인지도를 받으러 온 아이들뿐만 아니라 자기에게 오기를 거부한 문제아들도 서머힐 학교의 자유로운 분위기 속에서 지내는 동안 차츰 정상적인 아이들로 회복되어 가는 것을 볼 수 있었기 때문이다. 3년이 지나는 동안 학생 수가 5명에서 27명으로 불어나 학교건물을 옮겨야만 했다.

제4기

1927년에서 1940년까지, 리이스턴에서의 13년 간의 시절이다. 1927년 런던 동북쪽 서포크 주의 동해안에서 가까운 리이스턴 마을의 어느 귀족의 이전 별장으로 이사했다. 이때 라임 레지스에서의 학교건물 이름이며, 릴 부인의 생가 이름이기도 한 "서머힐"이라는 이름을 계속 학교 이름으로 쓰기로 했다.

제5기

1940년에서 1945년까지의 5년 간으로 북부 웨일즈의 피난학교 시절이다. 제2차 대전이 치열해져 가자 니일은 학교를 북부 웨일즈의 황폐해진 큰 집으로 옮겼다. 이곳은 계속되는 궂은 날씨에, 영어를 잘 모르고 금욕적이며 가식적인 신자들이 많은 웨일즈인들로 둘러싸인 생활이었다. 거기다 물자의 부족, 동리 아이들과 학교 아이들과의 끊임없는 싸움, 그밖에도 한 총명한 소년의 익사사고, 그리고 사랑하는 릴 부인의 과로 끝의 병사 등, 그야말로 이 시기가 니일에게는 일생 중 가장 불운하고 비참한 시기였다.

이 시기의 서머힐은 진정한 의미의 서머힐 학교라 볼 수 없었는데, 그 이유는 아이들을 이 학교에 보낸 학부형들이 자유를 좋게 생각하여 아이들을 이 학교에 보낸 것이 아니라 전쟁 통에 그곳이 안전하다고 생각해서 보냈을 뿐이었기 때문이다. 이들은 전쟁이 끝나자 아이들을 다시 데려가 버렸다.

제6기

1945년에서 1973년까지의 27년간으로 전쟁이 끝나 웨일즈에서 리이스턴으로 다시 돌아온 때로부터 니일이 세상을 떠날 때까지의 시기이다. 전쟁이 끝나자 니일은 그의 두 번째 부인인 이이나 부인과 함께 리이스턴으로 다시 돌아와 얼마 후에 딸 조우이를 낳았다. 처음으로 자기 자신의 아이를 갖게 된 그는 이전에 할 수 없었던 입학전 어린이들의 교육도 실제 관찰을 토대로 생각할 수 있게 되었다. 이로써 니일의 교육사상이 한층 폭넓고 충실하게 될 수 있었다.

그런데 1967년 영국 노동당정부의 문교부가 사립학교 시설 기준을 강화하여, 서머힐 학교를 재정난으로 인한 교사부족 등을 이유로 폐쇄시키려고 했다. 그러자 서머힐의 졸업생과 학부형들, 그리고 국내외의 니일 사상 공명자들이 "서머힐을 구하자"고 일어나 서머힐 협회를 조직하고 기금을 모집했다.

이때 일본의 시모다(霜田) 교수도 송금하려 했으나, 전후이던 당시의 일본정부에서는 외국송금을 금하고 있었다. 그러자 당시 미술대학 교수이던 시모다 교수는 자기와 동료 화가들의 작품 50여 점을 모아 보냈다. 이것으로 런던에서 전시회를 열어 그 수입을 서머힐 학교에서 쓰도록 했다. 이러한 국내외로부터의 협조에 의해 서머힐은 위기를 모면했다.

니일은 꾸준한 저작활동과 여러 차례의 국내외 강연으로 그의 사상이 차츰 세계에 널리 알려지자 세계 각처로부터 수많은 참관자들이 1년이면 2천 명까지 서머힐을 찾아오게 되었다. 특히 미국의 하아트 출판사로부터 그의 저서 "서머힐"이 나오고 그것이 미국에서 베스트셀러가 되자 미국으로부터 많은 학생들이 서머힐에 와서 학생 수가 늘고 운영상태도 좋아졌다. 그 대신 처음 개교했을 때처럼 문제아들이 다시 학교에 많이 들어오게 되었다.

이 무렵의 서머힐은 자유가 교육에 어떻게 작용하는가를 실험해 보는 실험학교가 아니라 자유교육의 성과를 세상에 보여주는 전시학교가 되었다.

오랫동안 외롭게 자기의 길을 끈기 있게 걸어왔던 니일이 말년에 가서는 냉담하던 국내로부터도 어느 정도 인정을 받아 두 대학으로부터 명예학위를 받았다.

노령에 이른 니일은 학교운영을 이이나 부인이 계승해 줄 것을 부탁하고 90세를 일기로 1973년 9월 23일 세상을 떠났다.

제7기

1973년에서 현재까지인 니일 사후의 시기이다. 니일이 하던 개인지도가 없어지고 참관자를 받지 않는 것이 달라졌을 뿐 학교의 정신이나 기분적인 방침에는 변화가 없이 이이나 부인이 맡아 조용히 운영되고 있다.

교육목적(教育目的)

앞에서 서술한 바와 같이 니일은 처음에 서머힐 학교를 자기의 교육이념을 실천에 옮겨볼 실험학교로 출발시켰다. 그러나 나중에는 그곳이 그의 교육의 성과를 세상에 보여주는 전시학교가 되었다. 그러면 이 학교의 기본정신과 목표는 무엇인가? 니일 자신의 말에 의하면 처음 서머힐을 시작할 때 그의 전 부인과 함께 한 가지 중요한 생각을 가졌었다고 한다. 그것은 "아이들을 학교에다 맞추는 대신, 아이들에게 맞추는 학교, 즉 아이들이 그들 자신의 생활을 할 수 있도록 자유를 허용하는 학교"를 한번 만들어보자는 생각이었다. 그러기 위하여 그는 모든 기율과 훈령과 지시와 도덕교육과 종교교육을 일체 하지 않는 그야말로 자유로운 학교를 만들었다. 다음 말에서 그 목표를 더 잘 알 수 있다.

"서머힐 학교의 목표는 행복 · 성실 · 조화 · 사회성 등에 있지 결코 학업성적을 올리는 데 있지 않았다."

즉, 서머힐 학교는 노는 것도 공부하는 것도 자유에 맡기고 어린이들 자신에 의한 자치와 도덕적인 틀을 강요하는 일없는 교육을 통해 도덕적인 용기와 행복, 자비를 갖추고, 제도의 틀에 뜯어 맞추어지거나 선동에 동요되지 않는 균형 잡힌 인물을 양성하는 것이었다.

이 학교가 처음 시작했을 무렵의 교육방침을 좀 더 상세히 알아보기 위해 학교의 취지서를 한번 살펴보면 다음과 같다.

"이 학교는 남녀공학이다. 모든 일이 직원과 학생들로 구성된 자치회에서 정해진다. 어린이에 대한 자율적인 정신은 실제화 되고, 자치와 창조의 태도가 함양된다. 자기의 인격을 표현할 수 있는 자유를 부여한 곳에 게으르거나 우둔한 자가 있을 수 없음은 분명한 사실이다. 한마디로 말해서 서머힐은 누구나 자기의 자유를 얻지만 자기표현이 남의 자유를 방해하지 않도록 만들어진 하나의 사회조직이다.

연령은 6세에서 17세까지로 학과는 대학입학자격시험 정도까지이다. 어린아이들에게는 특히 공작을 중요시한다. 그렇기 때문에 이 학교는 현대적인 설비의 실험실·공작실 등을 갖추고 있으며 가죽·놋쇠·리놀륨 등으로 무엇을 만들 수 있는 시설이 되어 있다. 도자기 제작 역시 공작의 한 가지로 행해지고 있다. 휴가에는 부모님들이 손님으로 찾아올 수 있다. 부모들은 교육의 심리학적인 근거를 이해하고 학교와 가정은 협조해서 이 일을 해야만 한다."

서머힐은 자유와 창조적인 활동을 매우 중요시하는 학교로서 자유가 기본방침이라고는 하지만, 그것은 전혀 무조건적인 것이 아니며, 아이들과 교직원들로 된 전교 자치회에서 만든 몇 가지 약속이 있었다. 그것은 위험방지를 위한 것과 남의 자유를 침해하지 않기 위한 최소한의 것이었다. 따라서 서머힐에서는 남에게 방해가 되지 않는 한, 자기가 하고 싶은 일을 마음대로 하고 학과 수업시간에 출석하고 안하고도 강제 받는 법이 없다. 또 숙제와 시험도 없으며 따라서 통지표나 석차 같은 것도 물론 없다.

이 학교는 두뇌를 중요시하는 지적 교육보다 감정을 더욱 중요시하여 품성교육에 더욱 치중하는 학교이다. 그러기 때문에 어린이들의 흥미와 놀이를 매우 중요시한다.

교사들은 아이들과 평등하게 같은 식사를 하고 같은 건물에서 기거하며, 아이들이 선생님을 부를 때 경칭을 붙이지 않고 친근하게 그냥 이름만으로 부른다.

따라서 니일의 말에 의하면 서머힐은 아마도 세계에서 가장 행복한 학교이었다. 이곳에서는 게으름을 피우는 학생이 없고, 기숙학교인 이곳에서 집을 못 잊어 향수병을 일으키는 학생도 없다. 아이들이 싸우거나 울거나 하는 일도 좀처럼 없다.

1975년 10월 당시, 이 학교에는 6세에서 16세에 이르는 남녀 학생 65명이 세계 각국으로부터 와 있었으며, 교사는 8명이었다.

교육내용(敎育內容)

서머힐 학교의 생활은 구체적으로 어떻게 진행되고 있는가? 전형적인 어느 하루의 생활을 묘사해 보면 다음과 같다.

오 전

8시 15분~9시 → 아침 식사

9시~9시 30분 → 침대 정리

9시 30분 → 첫째 수업시간 시작

11시 → 둘째 수업시간 시작

12시 30분 → 연소아들 점심

오 후

1시 → 연장아반 수업 끝

1시 30분 → 연장아와 교직원 점심

1시 30분~4시 → 자유시간

여러 가지 활동 개시

연소아반 → 책읽어 주는 것 듣기

중급아반 → 공작실이나 미술실

서서 그리거나 만든다.

즉그림·리놀륨판화, 가죽제품, 바구니 만들기,도자기 만들기 등…

연장아반 : 수업을 다시 계속한다.

4시~5시 → 간식과 차

5시…

■ **매일 밤 목공실과 금속공예실은 아이들로 만원이다.**

시간표는 매학기 초에 발표되지만 이것은 교사들을 위한 것이다. 즉, 데리크 선생은 월요일 첫째 시간과 화요일 둘째 시간에 실험실에서, 모리스 선생의 지리와 역사는 어느 요일 몇째 시간 어느 교실에서 한다는 식으로 되어 있다. 이 시간표를 보고 아이들은 자기가 들어가고 싶은 시간을 골라 들어간다. 그러나 어린 연소반은 대개 아침 시간을 자기네 담임 선생님과 함께 보내지만 과학실이나 미술실에 가는 때도 있다.

1975년 10월 당시, 서머힐 학교에서 배우고 있던 학과목은 다음과 같다. 영어 · 프랑스어 · 독일어 · 사회생태학 · 과학 · 생물학 · 수학 · 목공과 금속공예 · 도자기 제조 · 미술과 수공예 · 음악 등이다.

다음에 1주일 간 계획을 살펴보자.

월요일 밤 :

부모에게서 받은 용돈으로 영화를 보러간다. 목요일에 프로가 바뀌면 여유 있는 아이들은 다시 또 보러간다.

화요일 밤 :

교직원과 12세 이상의 연장아들은 니일의 심리학 강의를 듣는다. 어린 연소아들은 여러 그룹으로 나뉘어 책을 읽는다.

수요일 밤 :

댄스의 밤으로 곡목은 여러 가지 다양한 가운데서 고른다. 어린이들은 모두 다 춤을 썩 잘 춘다.

목요일 밤 :

특별한 계획이 없어 큰 아이들은 영화 보러 가기도 한다.

금요일 밤 :

이 날은 연극의 예행연습 같은 특별행사를 위해 비워둔다.

토요일 밤 :

전교 자치회가 열리는 가장 중요한 날이다. 회의가 끝난 다음에는 흔히 댄스를 한다.

일요일 밤 :

이 날은 종일 수업이 없고 겨울철에는 흔히 연극공연을 한다.

앞에서 살펴본 바와 같이 수업은 주로 오전 중에만 있고, 오후에는 자유시간이어서 아이들은 각각 자기가 하고 싶은 일들을 하면서 시간을 보낸다. 니일은 흔히 이 시간에 밭에 나가 일을 한다.

아이들이 자유시간을 보내는 모습을 다음에서 살펴보자. 손으로 무엇을 만드는 일이나 목공 등은 수업시간에 들어 있지 않아 자유시간에 한다. 무엇이나 제가 만들고 싶은 것을 각자가 만드는데, 사내아이들은 주로 장난감 총이나 권총, 보트나 연 같은 것을 만든다. 그러나 큰 아이들까지도 널빤지를 이어 맞추어 만드는 어려운 것에는 흥미가 없고 공상이 깃들지 않은 것은 만들려 들지 않는다.

날씨가 맑은 날에는 사내아이들은 갱 놀이 등을 하며 밖에 나가 놀지만 여자아이들은 어른들로부터 멀리 떠나지 않고 집 근처에서 논다. 여자아이들은 주로 미술실에서 무엇을 그리거나 헝겊으로 여러 가지 것들을 만든다. 10세가 넘는 여자아이들은 쇠나 나무로 무엇을 만드는 공작실에는 거의 가지 않고 전기나 라디오, 기계 엔진 같은 데에도 흥미가 없다. 그 대신 도자기나 리놀륨 판화나 그림, 바느질 등을 주로 하는데 요리에 대해서는 여자아이들과 마찬가지로 사내아이들도 무척 흥미 있어 하며 열심이다. 남녀 아이들이 다 같이 자기들의 연극 각본을 쓰고 자신들이 직접 연출을 하며 의상과 무대장치도 한다. 서머힐 학교 아이들의 연극 수준은 꽤 높다. 그 까닭은 연기가 퍽 진지하고 가식적인 점이 없기 때문이라고 니일은 설명했다.

화학실험실에는 소녀들도 소년들과 함께 자주 드나든다. 그러나 자치회에서는 소녀들이 소년들 만큼 활발한 활동을 하지 않는데, 이러한 현상을 니일은 어떻게 설명해야 할지 모르겠다고 말했다.

니일은 한때 어린아이들 자신을 주인공으로 한 이야기를 만들어 들려주곤 했었다. 이런 이야기 속에서 니일은 아이들을 높은 하늘 구름 위로나 깊은 바다 밑으로 데리고 다니며 공상 속의 모험을 실컷 하게 했다.

다음에는 서머힐에서 많이 하는 연극·댄스·음악 등에 대해 좀 더 상세히 살펴보자.

겨울 동안 6회에 걸쳐 거의 매 일요일 연극공연을 가졌을 만큼 이 학교에서는 연극을 많이 한다. 그런데 상연하는 연극의 각본은 학교내부의 사람이 쓴 것만으로 하는 것이 전통이 되어 있다. 또 아이들의 각본이 떨어졌을 때에만 비로소 교사가 쓴 각본을 채용하는 것이 불문율로 되어 있다. 배역이 정해지면

분장은 각기 생각해서 해 내는데 썩 잘한다. 연극내용은 비극보다 희극이나 소극(笑劇)쪽이 더 많으며 비극을 할 적에도 꽤 잘한다.

여자아이들은 남자아이들보다 연극 각본을 더 많이 쓴다. 어린아이들도 곧잘 자기들의 연극을 하며, 이런 각본의 중요한 대사는 언제나 "손들어 !"하고 말하는 정도이고, 이들이 겹쳐 쓸어졌을 때 막이 내리도록 되어 있다.

또 학교의 공연장은 정구 코트를 개조해 만든 것으로 약 1백 명 정도는 수용할 수 있다. 몇 개의 나무 상자를 쌓아올려 만든 무대는 이동식이며, 때로는 이 상자들이 계단이 되기도 한다. 애써 만든, 불이 켜졌다 꺼졌다하는 점멸장치가 붙은 조명기구와 스포트라이트도 있다. 배경이라고는 없고 회색빛 막이 있을 뿐인데, "동리사람들이 담장 사이로 들어온다"는 대사가 있을 때에는 막을 손으로 밀어붙일 뿐이다.

남의 작품을 도용하는 것을 서머힐의 아이들은 아주 싫어하며, 흔히 다른 학교에서 하는 소위 고상한 소재나 이야기를 극화한 것을 좋아하지 않는다. 아이들이 이처럼 연극을 많이 하기 때문에 아이들에게 무대공포라는 것이 없다. 연극을 하는 사람은 자기와 남을 동일화하는 강한 힘이 있어야 하고 이러한 동일화는 의식적으로 행해진다. 즉, 자기가 연극을 하고 있음을 알고서 하는 것이다. 그런데 어린이들에게는 아직 이런 힘이 없어 무대에 나와서 "너는 누구냐?"하고 물었을 때 "절간의 귀신이다"고 대답해야 할 대목에서 "나는 피이터이다"라고 자기 정말 이름을 곧잘 말해 버린다는 것이다.

어린이들이 연극을 하다가 진짜 음식 나오는 장면이 있었는데 연출자가 연기자들로 하여금 다음 장면으로 넘어가게 하는데 꽤 힘이 들었다. 그 이유는 아이들이 관객에 대해서는 전혀 무관심한 채 먹기에만 열중해 있었기 때문이라 한다.

서머힐에는 또 특수한 자유연기라는 것이 있다. 예를 들면 다음과 같은 과제에 따라 자유로이 연기를 시키는 것이다. 상상으로 "외투를 입고 그리고 벗어서 외투걸이에 건다"라든가 "전보를 펴본다. 그랬더니 자기 아버지나 어머니가 돌아가셨다는 소식이었다"라든가 혹은 "역 식당에서 서둘러 식사를 하고 있다. 그 동안에 기차가 떠나 버리지나 않을까 걱정을 하면서"라는 식의 문제를 내어 각각 자유로이 생각해 낸 대로 연기를 시키는 것이다.

때로는 말을 가지고서 연극을 하는데, 예를 들어 니일이 테이블에 앉아 자기는 출입국관리소 직원이라고 하고 아이들은 각각 상상의 여권을 가지고 니일의 물음에 대답을 하는 것이다. 때로는 영화 프로듀서가 되어 배우 될 사람의 면접을 한다든가 혹은 비서를 구하는 실업가가 되어 아이들로 하여금 자기 생각에 따라 자유로운 연기를 하게 하는 것이다.

이러한 자유연기를 통해 아이들은 남의 재현이나 모방보다 창조를 고무 받게 된다고 니일은 그 교육적 가치를 높이 평가했다.

1928년 서머힐을 방문한 일본의 니일 연구가 시모다 세이시에 의하면 방문 당시 본 그의 인상은 서머힐에서는 공작과 함께 율동이라는 것을 무척 중시하고 있었다. 그것은 잭 다아크로스의 창안에 의한 것으로 음악의 리듬을 신체의 운동에 표현시키는 것이었다. 이로써 음악교육을 철저히 시키려는 것인데, 이것은 음악의 기초교육이 될 뿐만 아니라 무용의 기초교육도 되는 것이다.

그 당시 서머힐에서는 저녁 식사 후, 매일 저녁 이것을 했다. 즉, 여자아이들과 여선생님들은 모두 신발을 벗고 맨발이 된다. 다음에는 여선생님의 피아노와 니일 교장의 북치는 리듬에 맞추어 모두가 함께 움직인다. 손을 서로 이어 붙잡아 큰 사람들이 바깥쪽 원을 만들고 작은 사람들은 안쪽 원을 만든다. 피아노의 리듬에 맞추어 바깥 원과 안의 원이 각각 다른 방향으로 움직여 돌아간다. 그러다가 "하!"하는 신호가 나면 바깥쪽의 사람들은 몸을 약간 앞으로 굽히고 반 박자로 빠르게 걷는다. 그때 안쪽에 있는 사람들은 여전히 한 박자로 느리게 걷는다. 그러니까 바깥쪽 사람이 두 발짝 걷는 동안에 안쪽 사람들은 한 발짝씩 걷는 것이다. 그러다가 "하!"하고 다시 신호가 나면 이번에는 바깥쪽 사람이 몸을 일으켜 한 박자로 걷고 그 대신 안쪽 사람들이 몸을 굽히고 반 박자로 걷는다. 이 두 개의 원이 반대의 방향으로 움직이면서 신호가 날 때마다 변하기 때문에 퍽 재미가 있었다고 했다.

이밖에도 세 사람이 말을 만들어 앞의 두 사람은 반 박자로 걷고, 위의 한 사람은 주인이 되어 한 박자씩 점잖게 걷기도 했는데, 이밖에도 리듬 놀이에는 여러 가지가 있었다.

사교 댄스도 흔히 하는데 적어도 일주일에 두 번씩은 했었다 한다. 이밖에 운동으로 크리켓·축구·정구·수영을 많이 했다. 이러한 조직적인 운동말고도 서머힐의 아이들은 나무에 오르거나 굴을 파거나 하는 등 야생적이고 자유로운 놀이들을 많이 했다고 니일은 그의 책에 적고 있다. 그의 주장에 의하면 어린이 시절은 놀이 시대로서 어려서 이러한 놀이에 대한 욕망을 충분히 충족시키고 발산시켰을 때에 비로소 어린 시절의 놀이에 대한 미련을 갖지 않고 힘들고 따분한 일이라도 기꺼이 부딪쳐 열심히 일하며 성실하게 사는 행복한 어른으로 자란다는 것이다.

교육방법(敎育方法)

앞서 살펴본 바와 같이 어린이들이 자기들의 자연적 흥미에 따라 생활할 수 있도록 자유를 허용하는 것을 학교의 기본이념으로 삼았던 서머힐이므로 교육방법은 일체의 강제를 배격하는 것이었다. 어린이 자신이 스스로 그렇게 할 생각에 이르기 전까지는 누구에 의해서나 어떤 일도 억지로 시켜서는 안 된다는 것이 교육방법의 대전제이었다.

서머힐 학교가 일반학교에서 강조하는 학과목의 교수법에 있어서는 전혀 새로운 방법을 쓰지 않았지만 그 대신 이 학교 나름대로의 독특한 교육방법을 썼다. 그것은 전교 자치회라는 민주적 자치형태인 사회적 방법과 개인지도라는 아동에 대한 심리적 방법이었다. 그리고 각종의 창조적 활동을 조장하는 일이었다.

자유의 학교인 서머힐이 무질서와 혼돈의 장소가 되지 않고 진보적인 학교로서 성공할 수 있었던 것은 이곳에서 민주적인 자치가 행해졌기 때문이라 볼 수 있을 것 같다. 니일은 "일주일에 한 번씩 열리는 전교 자치회는 학교에서 공부하는 일주일분의 교과학습 과정보다 더욱 가치가 있다"고 말했다. 그는 또 자치가 없는 학교는 진보적인 학교라 부를 수 없고 아이들이 완전히 자유롭게 자기들의 사회생활을 다스려갈 수 있어야만 그곳에 참 자유가 있다고 주장했다.

이것은 민주시민으로서의 훈련교육이 될 뿐만 아니라 많은 사람 앞에서 자기의 의견을 거침없이 발표할 수 있는 능력도 길러 주는 좋은 기회가 된다고 니일은 말했다. 또 서머힐 학교의 민주주의 이상 가는 방법이 달리 있으리라고 자기는 생각지 않는다면서, 그것은 나라의 정치상의 민주주의보다도 훨씬 더 나은 것으로 생각되는데 그 까닭은 아이들 상호간에 친애감이 있으며, 특권을 주장하는 일이 없기 때문이라고 했다.

그러면 이러한 전교 자치회는 대체 무엇을 하며, 그것이 어떻게 진행되는지를 다음에 구체적으로 살펴보자. 이 자치회에서 학교의 모든 규칙이 정해질 뿐만 아니라 사회적인 위반 행위에 대한 여러 가지 제재도 투표에 의해 결정 집행된다. 교직원과 학생 누구나가 연령에 관계없이 똑같은 한 표씩을 행사하는 이 회에서는 교장인 니일이 낸 제안이 다수인 나이 어린아이들에 의해 부결되어 버린 일도 한두 번이 아니었다.

회의진행은 매주 토요일 저녁 식사 후, 전주일에 의장이 어린 이들 중에서 지명한 새 의장과 부의장이 홀의 정면 중앙 자리에 앉으면, 이를 둘러싸고 어린이들과 교직원들이 각기 자기 좋을 대로 자리를 잡는다. 서기의 일은 원하는 사람이 맡아 하고 취침시간 위원은 아이들이 교대로 한다. 취침시간의 규칙은 매학기 초에 투표에 의해 결정되는데, 그 시간은 연령에 따라 다르다. 이 밖에도 스포츠 위원, 학기말의 댄스 위원·연극위 원·교외위원(학교 밖에 나갔을 때 아이들의 좋지 못한 행동을 주의시 키기 위한 위원) 들도 선거에 의해 선출된다.

다음은 1966년 2개월 간에 걸쳐 서머힐을 방문한 바 있는 덴 마크의 교육자 뻬야느쎄계표오드가 서머힐 일기 속에 적고 있 는 전교자치회에서 결정한 규칙들이다.

(1) 큰 나뭇가지를 자를 때에는 니일의 허가를 받아야 한다.

(2) 실내에서 물장난을 해서는 안 된다.(금지는 실내에만 적 용된다. 바깥에서는 하고 싶은 대로 실컷 해도 좋다. 물장난은

어린 시절을 인권 중의 하나다.)

(3) 도서실에서 담배를 피우거나, 놀거나 음식을 먹거나 마시는 일을 금한다.

(4) 16세 미만인 자는 담배를 피워서는 안 된다.

(5) 알코올이 섞인 음료를 마시는 일을 금한다.

(6) 얼마 동안 외출을 하려고 할 때에는 어느 교직원에게나 가는 곳을 말하고 가야 한다.

(7) 공짜로 남의 차에 편승해서는 안 된다.

(8) 어린이 혼자서 수영을 해서는 안 된다. 반드시 구명 지식이 있는 사람과 함께 해야 한다.

(9) 어느 건물 내에서나 불놀이를 해서는 안 된다.(불꽃놀이도 포함)

(10) 12세 이하의 어린이들은 성냥이나 라이터를 개인 사유물로 가져서는 안 된다.

(11) 14세 이상인 사람만이 벽난로에 불을 피우거나 타고 있는 불에 손을 댈 수 있다.

(12) 돌멩이를 던져서는 안 된다.

(13) 끝이 뾰족한 막대기를 가지고 놀아서는 안 된다.

(14) 칼은 교직원들에게 검사를 받아야 한다.

(15) 14세 이하인 어린이들은 나이프를 가져서는 안 된다. 14세 이상인 자라도 나이프를 가질 때는 교직원에게 검사를 받아야 한다.

이 전교 자치회에서는 누구든지 어려움을 호소하거나 새로운 규칙을 제안할 수 있다.

한 가지 예를 들어보자. 짐이 재크의 자전거 페달을 말없이 가져갔다. 짐은 자기의 자전거가 못쓰게 되어 있었기 때문에 주말에 친구들과 자전거 하이킹을 가기 위해 이 짓을 한 것이었다. 자치회에서는 증거를 수집하여 조사하고 충분히 숙고한 끝에 짐에게 재크의 페달을 되돌려주고 하이킹을 가는 것을 그만두라는 판결이 내렸다. 의장이 "이의 없습니까?"하고 묻자, 짐이 벌떡 일어나서 "이런 판결을 내리다니 정당치 않아요"라고 큰소리로 말했다. "나는 재크가 그 고물단지 페달을 쓰는 것을 본 적이 없어, 그것은 며칠이고 바깥 덤불 속에 굴러다니고 있었어. 페달을 되돌려주는 데는 이의가 없어, 하지만 내가 하이킹을 가서는 안 될 이유는 없다고 생각해"라고 말했다.

그러자 여러 가지 의견이 어린이들 사이에서 나와 열띤 토의가 벌어졌다. 차츰 알아보니 짐은 매주 용돈을 집에서 보내오도록 되어 있는데, 6주일째 용돈이 안와서 요즘 한 푼도 없이 지내고 있음을 알게 됐다. 자치회에서는 앞서 내린 판결을 철회하기로 하고, 짐에게는 친구들이 돈을 모아 페달을 사서 자전거를 고쳐 주기로 했다. 그래서 짐은 주말에 좋아하면서 친구들과 하이킹에 갈 수 있었다.

자치회에서의 판결에 보통은 위반자가 순순히 따르지만, 앞의 예에서와 같이 만약 그 판결에 대하여 부당하다고 생각될 때에는 피고는 다시 호소할 수가 있다. 그러면 의장이 회의의 마지막에 다시 한 번 그 의제를 올린다. 이런 경우에는 더욱 신중히 여러 각도에서 조사 검토되어 피고가 불만족스럽게 생각하는 점을 숙고해서 원래의 판결을 완화시킨다. 그래서 위반자 누구나가 자기가 속한 이 집단의 권위에 반항이나 증오를 나타내는 일 없이 자기들이 결정한 바를 충실히 지킨다. 거기에는 공포나 원한 같은 것이 전혀 없다.

이와 같이 교사의 꾸중이나 처벌 없이 학생 상호간의 협의와 제재만으로도 이 학교에서는 도덕적인 질서가 훌륭히 유지될 수 있었다.

그러나 서머힐에서의 경험에 의하면 자치가 잘 되어가려면 나이 어린 아이들만으로는 어렵고 나이 든 몇 명의 어린이가 있어서 전체를 이끌어갈 때 비로소 잘 된다고 니일은 말했다. 그 원인은 심리적인 데에 있는데, 어린이들이 소위 갱 연령기를 벗어나지 않고는 아직 민주적인 사고를 할 수 있는 단계에 이르지 못하기 때문이라고 설명했다.

서머힐 교육방법의 또 하나의 특징은 아동의 개인지도라는 심리적 방법이었다. 서머힐 학교가 문제아들을 다루기 위해 세워진 학교는 아니었지만 개교 초기에는 학교에 심한 문제아들이 많았다. 니일은 처음 문제아의 발생원인은 모두 내심의 갈등에 있고 개인지도로써 이러한 갈등을 해소시켜 주면 모든 문제아가 정상적인 어린이로 회복될 수 있다고 믿었다. 그러나 여러 해 동안의 경험에 의해 여기에도 한계가 있음을 알게 되었다.

그가 훗날 자서전에서 밝히고 있는 바를 살펴보면 다음과 같다.

"그 무렵의 나는 거의 바보였었다. 힘이 드는 것은 둘째치고 서라도(골절 등은 예외로 하고서)심리학을 응용하면 어떤 이상도 고칠 수 있다고 생각하고 있었다. 그래서 나는 출생시 외상을 입은 아이나 기면성 뇌염(嗜眠性腦炎)의 아이, 그 위에 뇌에 손상이 있는 아이까지 받아들여 맡았다. 물론 그러는 동안에 차츰 이러한 아이들에게는 아무 일도 해 줄 수 없음을 깨닫게 되었다."

어린이들이 갖가지 문제를 일으키는 것은 어느 경우에나 그 것을 일으킬 만한 상당한 이유가 있기 때문이다. 따라서 이를 시정하려면 그 원인을 찾아 해결해 주지 않으면 안 된다고 그 는 생각했다. 즉, 인간의 행동을 좌우하는 근원적인 힘은 의식 이 아니라 무의식이다. 따라서 어린이가 훈계나 꾸중을 듣고서 자기가 한 일이 얼마나 나쁜 일인가를 충분히 알고 뉘우친다 하더라도 문제는 해결되지 않는다. 나쁜 줄 알면서도 그 행동 으로 달려가지 않을 수 없게 만드는 무의식적 동기가 있기 때 문이다. 즉, 엄한 벌이나 훈계를 듣고, 자기 자신도 그것이 얼 마나 잘못된 짓인지를 충분히 알아 다시는 그런 짓을 않겠노라 결심을 하면 한동안 그런 일을 안 하고 지낼 수 있다. 즉, 의식 이 강하게 작용하여 무의식을 억누르고 있기 때문이다. 하지만 시간이 지나 의식의 힘이 약화되면 억눌려 있던 무의식이 다시 힘을 발휘하여 그의 행동을 또다시 무의식적 원망(願望)의 방향 으로 달려가게 만들어 버리기 때문이다. 따라서 이 무의식 속 에 자리 잡고 있는 것을 해결하지 않고서는 문제아는 결코 고 칠 수 없다는 것이다. 니일은 이를 위해서 개인지도라는 심리 적 방법을 써서 효과를 거두었으며, 이 방법은 니일이 세상을 떠날 때까지 계속되었다. 그 예를 하나 들어보자.

　하루는 아더라는 소년의 아저씨로부터 전화가 걸려왔다. 자기는 런던에 있는 아더의 아저씨 ○○(영국의 저명인사)인데, 아더가 며칠 간 자기 집에 와 쉬어가고 싶어 하는데 괜찮겠느냐는 것이었다. 니일은 괜찮다고 대답하면서 하지만 여비문제도 있고 하니, 아더 어머니와 먼저 상의해 달라고 했다. 얼마 있자 이번에는 아더의 어머니로부터 전화가 걸려왔다. 아더를 아저씨댁에 보내고 싶으니 여비로 2파운드 6실링만 좀 아더에게 주어달라는 것이었다. 그래서 그렇게 했다. 그리고 나서 얼마 있다가 그 두 차례의 전화가 모두 아더 자신이 밖에 나가 공중전화에서 목소리를 흉내 내어 건 거짓 전화임을 알게 됐다. 기분 같아서는 당장 쫓아올라가 돈을 빼앗고 한 대 후려쳐 주고 싶은 심정이었다 한다. 하지만 부인과 상의, 지금껏 늘 받아왔을 그런 취급법 대신 다른 방법으로 돈을 더 주기로 했다. 그래서 그날 저녁 아더의 침실로 니일이 올라갔다. 그리고 싱글벙글 웃으면서 니일은 "아더, 너 오늘 크게 수지 맞았구나"하고 말했다. 그러자 "네 정말 그래요" 하고 대답했다. 그러자 니일은 "그런데 또 더 좋은 수가 생겼단다. 조금 전에 어머니께서 다시 전화를 걸어와 아까 말했던 기차 삯은 잘못 안 액수였으

니, 아더에게 10실링만 더 주어 달라는 말씀이셨어"하고는 10
실링짜리 지폐를 침대 위에 던져주고 그가 말할 틈을 주지 않
고 니일은 방을 나와 버렸다. 다음날 아침 아더 소년이 떠난 침
실에 편지 한 장이 놓여 있었는데 그 내용은 "니일 선생님, 뭐
니 뭐니 해도 선생님은 분명 수가 저보다 한단 위이시군요"하
는 것이었다. 돌아온 소년이 니일에게 왜 자기에게 모든 것을
알고 있으면서 10실링을 더 주었느냐고 묻자 니일은 그보다도
네가 그 돈을 더 받았을 때의 기분이 어떠했느냐고 물었다. "저
는 일찍이 정말 그런 큰 충격을 받아본 적이 없습니다. 저는 그
순간 선생님이야말로 내가 태어난 이후 처음으로 정말로 (나의
편이 되어준 사람이로구나)하고 혼자 속으로 중얼거렸습니다"
하고 대답했다. 그 이후로 이 소년은 선량한 소년이 되었다고
한다.

교육성과(教育成果)

니일은 사람의 성공의 기준을 기꺼이 일하며 적극적으로 생
활할 수 있는 능력이라고 정의했다. 이러한 기준에 의한다면
서머힐을 나온 자들은 그 대부분이 인생에 있어서 성공자들이

라고 그는 말했다.

한 번은, 5세 때 서머힐에 와서 17세에 학교를 떠나기까지 한 번도 수업에 들어온 적이 없는 톰이라는 소년이 있었는데 후에 그는 영화촬영소의 카메라맨으로 일하게 되었다. 니일이 가끔 그의 상사와 만날 기회가 있어 톰이 어떻게 일하고 있는지를 물어보았다.

"그 친구는 지금까지 본 적이 없는 굉장한 녀석이예요. 항상 보통으로 걸어다니는 법이 없이 뛰어다니지요. 그리고 주말이 되면 무척 기분 나빠해요. 토요일과 일요일을 스튜디오에서 나가야 하는 일이 그에게는 도무지 못할 노릇이라는 거예요"라고 대답했다는 것이다.

1949년 문교부에서 나온 시학관의 눈에 비친 서머힐 아이들의 인상은 어떠했던가? 그 시학관의 보고에 의하면 아이들은 ① 생기와 흥미에 가득한 생활을 하고 있어서 따분함이나 무감동의 징후를 전혀 찾아볼 수 없었다. ② 아이들이 사람을 대하는 태도가 매우 기분 좋아, 붙임성이 있고 상냥하며 자연스러워, 부끄러워하거나 남의 앞이라는 것에 마음을 쓰는 일이 전혀 없는 태도였다. 그들은 매우 마음 편하고 교제하기 쉬운 유쾌한 아이들이었다. ③ 일을 자발적으로 하며, 책임감과 성실함이 학교교육에서 길러질 수 있을 것 같았다. ④ 서머힐의 교육이 결코 출세에 반대되거나 사회적응이 어려운 교육이 아닌 것 같다고 말하면서 그것은 사회에 나가 활동하고 있는 졸업생의 예를 보아서도 알 수 있다고 했다. 보고서는 또 서머힐 졸업생들이 학교를 나와 보통의 사회에 적응하는 일이 어렵다는 말이 있으나 그것은 그렇지 않은 것 같다고 했다. 서머힐 교육이 결코 출세에 반대되는 것이 아님을 보여주는 예로서 제2차 세계대전 직후 당시 사회에서 활동하고 있던 몇몇 졸업생들을 들고 있다.

"몇 명의 졸업생이 REME(국가 전기기계 조종사)나 QMS(보급계 군인)가 되어 있고, 폭격기 조종사, 비행중대 중대장, 유치원 보모, 스튜어디스, 밴드의 연주가, 왕실대학의 특별연구생, 발레리나, 라디오 기술자, 중요 국내 일간신문의 소설기고가, 큰 회사를 가진 시장경영연구가 등 여러 가지로 되어 있다. 그 중에서 학위를 가진 자로는 케임브리지 대학의 경제학사, 왕실 미술학교 졸업생이 있으며, 런던 대학 이학 제1급 명예학위, 케임브리지 대학 역사학 명예학위, 맨체스터 대학 현대어학 제1급 명예학위를 가진 자들이 있다."

애슬리 몬태규우에 의하면 임마누엘 버언스타인은 그의 저서

"현대 심리학" 속에서 서머힐에서 배운 적이 있는 50명의 사람들에게 관한 조사결과를 보고했다. 그는 서머힐 다운 특질을 든다면 그것은 관용인데, 바꿔 말하면 인종·종교, 기타 어떠한 신분이든 지간에 관계없이 다른 사람을 있는 그대로 받아들이고 있는 점을 들었다. 또 하나 두드러진 특색은 진지함이라고 했다. 50명 중 10명은 학교가 극히 유익했다고 느끼고 있고 7명은 해로웠다고 느끼고 있었다. 50명 중 대부분이 학과를 경시하고 있던 점과 좋은 교사가 없었던 점에 대해 불만을 표시하고 있었다.

가장 흥미 있는 사실은 서머힐에서 2, 3년이라는 짧은 기간의 재학생들이 장기간의 재학생들보다도 유익했었다고 느끼는 점이었다. 2, 3년 간 서머힐에 있었던 아이들 중에서 한 사람을 제외하고는 모두가 서머힐에 대해 극히 강한 관심과 애착을 갖고 나중에 그들이 재학한 일반학교에도 잘 적응하고 있었다.

버언스타인의 보고서에서 가장 유익했다고 지적한 점은 다음과 같다.

(1) 성(性) 및 이성과의 관계에 대한 건전한 태도

(2) 권위 있는 인물에 대한 자연스러운 신뢰와 안심감

(3) 개인의 흥미와 능력에 따른 자연스러운 성장발달

버언스타인의 매우 중요한 발견은 서머힐 출신자들이 예외 없이 자주성을 가지고 자기 자신의 아이들을 기르고 있다는 점이었다. 그들의 상호관계는 화기애애하고 아이들은 자발적이며, 행복해 보였다고 한다. 그래서 서머힐은 그들이 좋은 부모가 되게 하고 자기 아이들을 잘 이해하며 건전하게 키울 수 있는 사람이 되게 했다고 보았다.

　니일 자신의 말을 빌리면 서머힐 학교가 성공한 점은 이 학교에서 아이들이 공포나 증오로 손상 받지 않은 생활로 건강하고 자유롭게 자라고 있기 때문이라고 했다. 그는 또 오래된 졸업생의 모두가 다 성공하고 있는 것은 아니어서 개중에는 잘 되어가고 있지 않는 사람도 있다고 했다. 성공하고 있는 경우에는 반드시 그 아이들의 가정이 좋은 경우로서 이들의 부모가 충분히 학교를 신뢰하고 있었다고 한다. 그렇기 때문에 아이들은 학교가 옳은가 가정이 옳은가 하는 가장 난처한 마음속의 갈등에 괴롭힘을 당하는 일이 없었기 때문이라 했다. 서머힐은 천재라고 할 사람은 내고 있지 않지만 몇 사람의 창조적인 인물을 배출하고 있다고 했다. 아직 유명하게 되지는 않았지만 몇몇 사람의 훌륭한 미술가, 몇 사람의 뛰어난 음악가, 그밖에 뛰어난 가구 디자이너, 가구 메이커, 몇 명의 남녀배우, 독창적인 연구를 하고 있는 몇 명의 과학자·수학자 등이 있다고 했다. 전교 재학생수가 어떤 때는 45명 정도밖에 안 되는 학교에서 배출해 낸 졸업생들로서는 창조적인 일을 하고 있는 인물의 수가 많은 편이라고 했다.

그러나 "자유로운 아이들"의 단 한 세대를 보는 것만으로는 자유로운 서머힐 교육의 성과를 보는 충분한 자료가 될 수 없다고 그는 말했다. 서머힐에서도 수업에 들어가 공부하지 않는 것에 대하여 죄책감을 갖는 아이들이 있기 때문이다.

전반적으로 말해서 자유교육이 12세 미만에 경험하게 되는 아이들에게 유익한 것은 거의 확실하다. 하지만 12세 이상이 되어 시작하는 아이들의 경우에는 주입식 교육의 영향으로부터 해방되기 위해서 오랜 시간을 소요하기 때문에 그 효력이 별로 없었다고 한다. 그래서 한때 입학허용 연령을 12세 미만으로 했다가 나중에는 10세 미만으로 더욱 낮추었다.

제4장

니일 사상의 교육사적 위치

니일의 사상적 계보(系譜)

니일은 1953년의 저서 "자유로운 어린이" 속에서 자기는 프로이드·라이히·레인과, 기타 사람들로부터 영감을 받았으나 그들의 이론이 현실의 실험으로 "부적당"하게 나타났을 때 그런 이론을 점차 버리게 되었다고 했다.

그 후의 저서 "서머힐에 대해 말함" 속에서도 다음과 같이 말했다.

"아무도 자기 단독의 힘으로 어떤 일을 할 수가 없다. 모든 사람은 외부 영향의 혼합물이다. 물론 외부 영향에다가 자기 자신의 고유한 것을 합친 혼합물이다. 많은 사람들이 내게 영향을 주었다. …웰즈, 쇼오, 프로이드, 레인, 라이히 등. 그러나 이들은 교육자들이 아니었다. 나는 가끔 루소의 제자라고 불리지만, 나는 루소를 읽은 적이 없다. 내가 듀이는 읽어보려고 노력했으나 별로 성공하지 못했다. 어린이들을 교구에 맞추려고 하는 몬테소리는 내게 아무것도 가르쳐 주지 못했다."

니일의 사상적 골격을 분석하기 위해 그 자신이 영향을 받았다고 말한 다섯 사람의 어떤 점이 그에게 영향을 주었는지 차례로 살펴보자.

허버트 조지 웰즈 1886~1946

웰즈는 영국의 소설가이며 문명비평가이다. 가난한 가정에 태어나 고학으로 런던의 과학 사범학교에 다니며 헉슬리에게서 진화론을 배웠다. 대학에서의 교육을 바탕으로 웰즈는 자연과학 지식을 활용, 공상소설을 쓰기 시작했다. 그는 이를 계기로 많은 작품을 썼는데 그의 작품 중에는 유머러스한 것이 많다. 그의 작품에는 문명비평 · 사회비평의 요소가 강했으며, 일종의 사회주의 사상과 세계국가의 이상을 역설했다. 그는 인류의 끊임없는 진보를 믿는 낙천적 사상의 소유자로서 이러한 생각은 그의 대표적 소설인 "윌리암 클리솔드의 세계"와 그의 대표적 역사관계 저서인 "세계사" 그의 문명비평논집인 "일 · 부 · 인류의 행복"에 잘 나타나 있다. 니일보다 17세 위인 웰즈의 역사관과 문명비평, 그리고 박애적이고 세계 국가적인 보편주의는 니일의 사상에 크게 영향을 준 것이다. 니일이 오늘날의 세계를 각종 증오와 자멸을 초래할 핵전쟁의 위협으로 전전긍긍하고 있는 "병든 세계"로 본 점, 그래서 물질 면에서만 발달해 온 오늘날의 문명은 인류 행복이란 면에서 결코 성공적이 못되었으며, 이 세계의 장래에 대해 "인종적 증오, 국가주의적 증오, 종교적 증오들 때문에 자기는 비관적일 수밖에 없다"고 말한 점은 웰즈의 역사관과 문명비평에 공통된다고 보겠다.

종교관계에 있어서도 니일이 "종교는 시대에 따라 변하며, 오늘날의 신은 웰즈가 말했듯이 위대한 부재자이다"라고 한 점은 그가 웰즈로부터 영향 받은 바라보겠다.

또 한편 인류의 끊임없는 진보를 믿고, 세계국가의 이상을 역설했던 웰즈의 사상은 니일이 어린이들에게 종래의 두뇌 중심의 교육을 버리고 감정을 중시하는 교육을 행했을 때 이 세계는 전쟁과 증오가 없는 평화롭고 행복한 세계가 되리라는 사상을 갖게 하는 데 큰 영향을 주었다고 볼 수 있다.

조지 버나드 쇼오 1856~1950

쇼오는 영국의 극작가이며 비평가로서 웰즈처럼 가난하게 자라났다. 그는 젊었을 때부터 사회적 관심을 가지고 마르크스의 "자본론"을 읽고 감화를 받아, 웨브와 함께 사회주의사상 단체인 페비안 협회를 창립했다(이 점은 웰즈와 공통 되는데, 웰즈 역시 페비안 협회에 가입했다가 후에 탈퇴했음). 쇼오는 유머와 기지로써 관습적인 당시 사회의 허식을 예리하게 비판했으며, 진화론을 주장하여 우주에는 "생명력"이라는 의지가 존재한다고 했다. 이에 따라 쇼오는 인간이 끊임없이 진화한다고 하는 낙관론을 폈는데 그의 이러한 창조적인 진화론적 철학은 "인간과 초인간", "메투셀라로 돌아오라" 등에 잘 나타나 있다. 쇼오 역시 니일보다 27세 위로서 그의 문명비평 · 진화론 · 낙관론이 니일에게 깊은 영향을 주었음은 쉽게 추측할 수가 있다.

웰즈와 쇼오와 니일이 다같이 문필가였고 웰즈와 쇼오가 페비안 협회에 가입했었고, 니일이 노동당에 입당했던 사실은 세 사람이 다 같이 공통된 사회의식을 가졌었음을 알 수 있게 한다. 또한 이들 세 사람의 기지와 유머와 낙관론도 모두 공통적이었다.

지그문트 프로이드 1856~1939

프로이드는 정신분석학의 창시자로서 인간의 정신구조를 자아 초자아, 이드(본능이 자기보존 충동)의 3개를 요인으로 하는 의식·전의식·무의식의 세 가지 양상으로 파악하여 이를 역동적인 과정으로서 탐구하고, 에로스 본능 가운데 성애적 에너지를 가정하여 정신현상을 설명하려고 했다. 프로이드는 또 문명과 야만, 진보와 고뇌. 자유와 불행과의 내면적 결합이라고 하는 무서운 필연성을 해부하여 사회의 합리성이 구현됨과 동시에 비합리성이 축적되어 근대 시민사회를 파괴하는 나치즘을 탄생시킨 대중사회상황의 이해에 새로운 시점을 제공했다.

프로이드의 이러한 방법론은 니일에게 적대적 영향을 끼쳤으니, 그의 인간관과 교육방법 등은 프로이드의 정신분석학적 기초 위에 세워진 것이었다. 니일이 프로이드로부터 직접 영향을 받았던 것은 아니지만 19세기 말에서 20세기 초에 걸쳐 일어난 진보적인 교육운동 전체가 프로이드의 영향 하에 일어난 것이라고 볼 수 있기 때문에 니일 사상은 프로이드 영향의 소산이라 말할 수 있을 것이다.

니일이 많은 영향을 받았던 호머 레인과 빌헤름 라이히가 모두 프로이드의 영향을 듬뿍 받은 정신분석학자들이고 보면, 니일의 프로이드로부터의 영향은 그 누구로 부터보다 더 크다고 말할 수 있을 것이다. 즉, 니일이 인간을 프로이드와 마찬가지로 의식과 무의식의 존재로 본 점, 인간의 행위를 좌우하는 것이 의식이 아니라 무의식이라고 본 점, 인간의 본능인 이드를 억압했을 때, 이드와 자아 사이, 그리고 이드와 초자아 사이의 갈등인 콤플렉스가 생기고 이렇게 하여 무의식 속에서 억압된 본능적 욕망은 신경증의 원인이 된다고 본 점 등은 프로이드로부터의 기본적 영향이라고 할 것이다.

그러나 프로이드나 프로이드학파와 의견을 달리 하는 몇 가지 점들이 나중에 니일에게 나타났다. 즉, 프로이드학파가 강조한 어린이들에게서 보는 반사회적인 공격욕과 갓난아이에게서 보는 항문 성욕을 니일은 자유로운 가운데서 자라나는 자율적인 아이들에게서는 좀처럼 찾아보기 어려웠다고 했다. 즉, 니일은 "쇠사슬에 매어 있는 개를 관찰하여 개의 일반적인 심리를 말할 수 없듯이, 수세대에 걸쳐, 생증오자들에 의해 형성된 단단한 쇠사슬에 묶여 있는 인간성을 보고 인간의 심리를 말할 수는 없는 일"이라고 하면서 프로이드학파의 견해는 왜곡된 가정과 학교를 연구한 결과로서 나온 결론이었다고 말했다.

따라서 니일은 프로이드로부터 영향 받은 정신분석학의 기초 위에 자유로운 상태에 놓여 있는 어린이들의 본연의 모습에 대한 관찰과 이해를 모아 자기 나름대로의 아동심리학을 이룩한 사람이라 볼 수 있다. 다만 그가 학문적인 체계를 세우지 못했을 뿐이다.

호머 레인 ?~1925

영국계 미국인 심리학자로 그의 업적은 미국에서보다는 영국
에서 더 널리 알려졌다. 그는 처음 미국에서 조지 쥬니어 리퍼
블릭이라는 감화원을 세워, 비행청소년의 교화에 힘썼다. 그
후 수명의 영국의 저명한 사회개혁가들(이 중에는 샌드위치 백
작과 리튼 경도 포함되어 있음)의 초청을 받고 영국에 건너가
도오세트에 더 리틀 커먼웰즈라는 감화원을 세웠다. 이곳은 소
년재판소로부터 넘어오는 비행소년소녀들을 받아 교화시키는
시설이었다. 그는 이곳에서 절도나 강도짓을 한 소년들을 자유
와 자치에 의해 훌륭히 치료해 냈다. 니일은 군복무기간 중, 이
곳을 자주 찾았고 제대하고 난 뒤에는 이곳의 직원으로 들어갈
약속이었으나 제대 이전에 이곳이 폐쇄되고 말았다. 그 이유는
돈을 훔쳐 도망친 비행소녀 하나가 경찰에 붙잡히자 레인이 자
기를 유혹하려 했기 때문이라고 했다. 내무부는 냉혹한 왕실변
호사를 파견 조사했으나 아무 증거도 없다는 보고였다. 그런데
도 내무부는 이사회에다 다른 책임자를 임명하도록 명령했다.
이사회에서는 레인을 그만두게 할 바에는 차라리 리틀 커먼웰

즈를 폐쇄하는 편이 낫다고 내무부의 명령을 거부했던 것이다.

레인이 마음에 병든 사람들의 새로운 취급법의 창시자가 될 수 있었던 것은 그 자신 피터팬처럼 언제까지나 어린아이 같은 사람이었기 때문이라고 니일은 말했다. 한 번은 시설에서 소년들과 벽돌 울타리를 쌓았다. 마치고 보니 레인이 만든 곳은 완벽한데 아이들이 한 곳은 서툴렀다. 기분이 상한 아이들은 만든 울타리를 전부 다시 부수기 시작했다.

그러자 레인도 함께 부쉈다. 그는 벽돌보다 아이들의 심리가 더 중요하기 때문이라고 합리화해 말했지만, 정말은 레인 자신이 장난꾸러기 어린애 같은 사람이어서 분명히 울타리 부수기가 재미있었기 때문이리라고 니일은 말했다. 시설 폐쇄 후, 레인은 런던으로 가 정신분석연구소를 개설했다. 니일이 그의 자서전에서 밝힌 바에 의하면 레인의 정신분석방법은 프로이드파의 그것과는 달랐다. 그러나 어른을 정신분석하는 데 있어서는 레인의 능력을 니일은 별로 크게 평가하지 않았다. 하지만 레인은 아이들의 이상행동의 배후에 있는 무의식적 동기를 순간적으로 간파하는 비상한 본능을 가지고 있어서 아동취급에서는 위대한 자질을 타고났다고 할 만큼 탁월한 능력을 갖추고 있었다. 그도 니일와 같이 버나드 쇼오를 좋아했다.

레인은 유쾌하고 온화한 인물이었으며 언제나 주름살 하나 없는 옷을 입고 있었으나 놀라운 정도의 공상가였다. 그도 쇼 오를 좋아하고 "피터팬"같은 작품을 사랑했다.

니일은 그의 자서전에서 레인은 자기에게 "하늘의 계시를 내려준 사람"이라고 말하면서 그가 자기에게 가장 많은 영향을 준 사람이라고 술회했다. 또 자기가 레인을 만나기 전까지는 프로이드나 아동심리학·역동심리학에 대해 전혀 몰랐다고 다음과 같이 말했다.

"이 시절 나는 프로이드에 관해 듣지 못했다. 내가 교육에 있어서의 무의식과 감정에 관해 듣기는 호머 레인을 만나서였다. 그때부터 학과의 불합리성과 싸우려는 나의 관심은 어린이가 강제나 방해 없이 감정적으로 성장할 수 있는 권리를 위한 투쟁으로 바뀌었다."

"나의 의견으로 레인은 페스탈로치·루소·프뢰벨·몬테소리 등의 대 교육가보다 본질적으로 한층 더 위대한 교육가라고 생각한다. 그 이유는 이들 교육가들이 몰랐던 사실, 즉 당시에는 발견되어 있지 않던 깊은 문제를 취급한 때문이다. 레인의 저서 "부모와 교사에게 말함"은 교사에게 있어 앞에 든 네 사람의 대교육가의 모든 저서보다 더 가치가 있다. 레인의 책은 모든 사범학교에서 쓰여야 한다. 그것은 단지 읽게 할 뿐만 아니라 아동심리학의 기초로서 쓰여야 할 것이다. 레인은 어른의 분석자로서는 대단한 사람이 못되었다. 그러나 어린이의 심리를 이해하는 점에 있어서는 그는 가히 천재였다.

니일은 자기가 레인을 만나기 이전에 이미 2권의 책을 썼었으나 그것은 자유를 어둠 속에서 손으로 더듬어 찾던 "암중모색의 책"이었다고 말했다. 자기가 레인으로부터 배운 것은 "인간의 본성은 선하고 악하지 않다"는 것과 따라서 "어린아이들을 올바로 키우기 위해서는 무엇보다 어린이의 편이 되어 주어야 한다"는 생각이었다고 한다.

그런데 이러한 생각을 레인은 인도의 사상가 비베 가난다로부터 영향 받았었다. 레인은 증오와 벌은 불량행위를 결코 고칠 수 없으며 사랑만이 이를 치료할 수가 있다고 믿었다. 그리고 이를 자유와 자치로 운영되는 자기의 교화시설인 더 리틀 커먼웰즈에서 실증해 보였다. 그러나 레인에게 있어서 사랑이라는 말은 보통사람들이 생각하는 의미가 아니었다. 그가 의미한 사랑은 결코 감정이나 정서와 관련된 것이 아니라 좋아한다고 하는 애호의 뜻으로 그것은 상과 칭찬, 그리고 옹호를 의미했다. 그 한 예를 들어보자.

이 시설에 들어온 지 며칠 안 된 불량소년이 도망을 쳤다. 넓은 들판 가운데 있던 이 시설에서 역까지 가기는 꽤 먼 거리였다. 그런데 도망을 치는 소년의 뒤를 레인이 급히 뛰어 쫓아갔다. 얼마 후 소년이 드디어 붙잡히게 되자 소년은 그 자리에 주저앉아 양팔을 들어 얼굴과 머리를 가렸다. 언제나 처럼 다음 순간 날아 들어올 주먹을 막기 위한 반사적 동작이었다. 그러나 기다리는 주먹은 날아들지 않고 쳐들린 두 주먹 손바닥에 무엇인지가 쥐어졌다. "이것으로 기차타고 가거라. 집에까지 그 먼 거리를 걸어서야 갈 수 없지 않니?" 그것은 차비할 돈이었다. 물론 그 소년은 그날 밤 시설로 다시 돌아왔다.

이러한 사상을 레인에게서 이어받은 니일은 어린이는 본래 선하다고 하는 확신과 문제아는 다만 불행한 아이일 뿐이라는 생각에서 도둑질을 하는 아이들에게 벌 대신 상을 주었다. 또 교장인 그가 훗날 세계적인 골프 선수가 된 한 문제소녀의 회복을 위해 한 시간 이상이나 그 아이가 주먹으로 때리고 발길로 차고 하는데도 온화한 얼굴로 서서 아픔을 참고 맞아주는 교육애를 보였다.

레인으로부터의 영향은 니일이 서머힐 학교에서 개인지도라는 심리적 방법을 사용하여 어린이들을 자유로운 가운데에서 올바로 자라게 하려고 노력한 데도 있다. 그러나 레인이 문제 아취급에 있어 심리적 방법에 역점을 두었다가 얼마 못가 결국 실패한 데 비하여, 니일은 개인지도라는 심리적 방법과 전교 자치회 등 사회적 방법을 아울러 중시하여 사용하고 많은 자유를 허용하여 성공을 거두었다. 그러나 니일은 여러 해에 걸친 자신의 경험 결과 문제아들을 낫게 하는 것은 개인지도라는 심리적 치료가 아니라 아이들에게 주어지는 자유와 사랑임을 발견했던 것이다. 이 점이 레인과 니일의 차이점이다.

빌헬름 라이히 1898~1957

라이히는 독일계 유태인으로 "파시즘과 대중심리" "성과 문화의 혁명" "성격분석" "오르가즘의 기능"등의 저서로 유명한 정신분석학자였다.

그의 학설은 육체와 정신은 밀접하게 연관되어 있어서, 성적 억압 등의 심리적 억압이 병을 일으키고, 굳어진 위(胃)나 목덜미의 단단한 봉오리 같은 근육의 강직현상으로 나타난다고 주장했다. 그렇기 때문에 심리적 억압을 제거하면, 이런 현상을 없앨 수 있고, 반대로 강직된 근육을 손으로 주물러 풀리게 함으로써 사람을 심리적 억압으로부터 해방시킬 수 있다고 주장했다.

1937년 니일이 노르웨이의 오슬로 대학에 강연차 갔던 길에 라이히 박사를 만났다. 그리고 니일은 "당신이야말로 내가 오래도록 찾고 있던 분입니다. 정신과 육체를 연관시킨 이론을 세운 분이군요. 당신 밑에 와서 공부할 기회를 좀 주시지 않겠습니까?"하고 청해 그 후 2년 간에 세 차례 학교가 쉴 때마다 오슬로에 가 그에게서 배웠다.

당시 그와의 관계를 말년의 자서전에서 살펴보면 다음과 같다.

"그는 생장요법이라는 것을 받지 않으면, 자기의 이론을 정말로 배울 수가 없다고 했다. 이것은 환자를 옷을 벗고 소파에 눕게 한 후, 굳어진 근육을 손으로 주물러 풀리게 하는 치료법이다. 이것은 꽤 힘든 요법으로 때로는 아픈 것을 참지 않으면 안 되었다. 그러나 수 주일이 지나자 나는 이전에 호머 레인이나 모리스 니콜이나 슈테겔의 분석에서 얻은 것보다 훨씬 더 큰 정서적 해방감을 얻을 수 있었다. 그 무렵 이것이야말로 가장 좋은 치료법이라 생각되었다. 개중에는 라이히식의 치료를 받아도 여전히 신경증의 증상이 없어지지 않는 사람이 있는 것도 사실이지만, 지금도 나는 라이히의 이 치료법이 가장 효과가 있다고 믿고 있다."

라이히는 신경증치료법에 대해 연구를 했지만 치료보다도 예방이 더 중요함을 역설했다. 니일은 라이히가 그의 성격에 큰 영향을 주었으며, 자기의 시야를 넓혀주고 자기 자신을 보는 눈을 한층 깊게 해주었다고 회상했다. 예컨대 성(性)에 관해 자기에게 남아 있던 스코틀랜드의 칼빈주의적 잔재를 라이히가 완전히 제거해 주었다는 것이다. 니일이 성의 중요성을 지나칠 정도로 강조하게 된 것도 라이히의 영향으로 보겠다.

유태인인 하이히는 제2차 세계대전이 일어나자, 미국으로 망명했는데 연구광이기도 하던 그가 "오르곤 이론"을 주장, 병 치료에 사용하는 오곤 에너지 집적기(集積器)라는 것을 만들어 신문광고를 냈던 일이 문제가 되어 투옥되고 정신이상이 되어 결국 세상을 떠났다. 그는 유머가 전혀 없고, 사람을 잘 믿으며 질투심이 강하면서 성을 잘 내는 사람이어서 대인관계가 좋지 않았지만 니일과의 관계는 특별한 것이었다. 라이히의 죽음의 소식을 들었을 때, 니일은 레인이 죽었을 때보다 한층 가슴 아파하고, "한줄기의 광명이 이 세상에서 사라졌다"고 말하면서 라이히가 진정한 천재로서 정당한 평가를 받게 되기까지에는 적어도 3세대는 걸릴 것이라 했다. 니일은 라이히를 만나 그에게서 배우고, 그를 사랑할 수 있었던 자기는 더 없이 행복한 인간이었다고 술회했을 만큼, 두 사람의 감정적 밀착은 강했었다.

니일 이전의 진보적 교육사상가

니일은 그의 교육사상과 실천에 대해 앞서 말한 다섯 사람으로부터 결정적인 영향을 받았고 루소나 듀이 또는 몬테소리로부터는 직접적인 도움을 받은 바가 없다고 말하고 있다. 하지만 이런 그의 말에도 불구하고 그가 18세기 이래의 많은 교육사상가들로부터 영향을 받았음이 분명하다. 니일이 루소를 직접 읽었건 읽지 않았건 간에 그의 사상은 이미 루소 이래의 서양 근대사상의 토양(土壤)위에서 싹이 튼 것이다. 이 점은 니일 자신의 다음과 같은 말에서도 분명히 밝혀져 있다.

"많은 사람들이 서머힐 학교가 다른 학교들로 하여금 한층 인간적이 되게 하고 한층 권위적인 점이 줄어들게 하는 데 크게 기여했다고 말했다. 그러나 어찌 서머힐 뿐이랴. 나는 다아

팅턴 홀의 빌커리와 오니일, 유희법의 콜드웰 쿠크, 에드먼드 호움즈, 호머 레인 또는 과거로 되돌아가서 프뢰벨·페스탈로치·루소 등 많은 선구자들을 생각한다. 또한 프로이드·융·아들러·라이히·랑크·슈테켈이 교육에 공헌한 가치를 어찌 제대로 평가하겠는가? 서머힐은 냇물에 떠 있는 한낱 작은 보트에 불과하다. 큰 강과 반대 방향으로 거슬러 흐르고 있는 냇물 위의 작은 보트 말이다."

니일 자신이 선구자들이라고 부른 루소 이래의 서양 교육사상의 흐름을 살펴봄으로써 니일의 교육사에 있어서의 위치를 확인할 수 있을 것이다.

르내상스와 종교개혁이 중세까지의 교회중심의 교육에 커다란 변혁을 초래한 것은 다 아는 사실이다. 그런데 르네상스의 이상이 개인주의적인 것을 바탕으로 하여 자아의 실현에 가치를 둔 이상, 당연히 인간 본위의 교육사상으로 발전하게 마련이었다. 따라서 사상가들은 인간에 관한 연구에 열중하게 되고 교육에 있어서도 인간자신을 중심으로 할 것을 주장하여 개인과 사회적 목적과의 관계, 또한 사회적 요구가 개인의 소질에 따라 자아를 발전시킨다는 요구와 조화를 이루어야 된다는 문제가 사상가들이 생각하는 중심적 과제가 된 것이다. 17세기와

18세기에 걸쳐 교육의 이론은 이 같은 시대적 기운을 반영하여 각종의 논의를 불러일으켰다. 그 주된 갈래를 보면 라트게, 코메니우스로 대표되는 실학주의, 스페너, 프랑케 등에 의해 주장된 경건주의, 로크 등에 의한 계몽주의, 루소에 의한 자연주의 등을 들 수 있다.

루소 1712~1778

이 중에서도 가장 후세에 많은 영향을 끼친 것이 루소의 사상이다. 경건주의사상가들이 인간의 선량한 생활을 위하여 기독교적 헌신과 근면을 강조하고 계몽주의사상가들이 인간의 행복을 위한 방법으로 이성과 명쾌한 사고에 초점을 둔 데 비해, 루소는 제3의 해답을 찾았다. 루소에 의하면 자연은 인간의 문화를 통하여 정복해야 하는 원시적 또는 조야(粗野)한 상태가 아니며, 자연 그 자체가 인간의 부자연한 발전을 시정해야 하는 통치원칙(統治原則)이라는 것이다.

후세에 아동의 헌장이라고 불린 "에밀"의 서문에서 루소는 "첫 번째로 해야 할 일은 당신의 학생들을 더욱 많이 공부하는 일이다. 왜냐하면 당신이 그들을 모르는 것은 확실하기 때문이다"라고 말하면서 아동들로 하여금 자연스럽게 성장하고 발전하도록 돕는 일의 중요성을 강조하여 교육사상에 하나의 혁명을 가져왔다. 그의 이론은 아동과 교사의 관계에 근본적인 변화를 초래했다. 그의 교육사상의 주요 골자는 자연스러움에 유의, 독립적 판단의 개발과 필요와 능력의 조사, 일반적인 인간성의 기초화이다. 인간성의 기초화라는 것은 개인에게 부여된 역할에 맞도록 사람을 훈련시키자는 종래의 교육 사상과는 정반대되는 것이었다. 어린이는 인간이 되도록 교육시키는 것이지, 신부나 관리 또는 군인이 되도록 교육시키는 것이 아니라고 했다. "에밀"의 제1권에서 그는 아동의 출생에서부터 말을 하기 시작하는 때까지의 기간을 다루었다.

이 기간의 아동에 있어서 가장 중요한 건강하고 자연스러운 발전은 이 아이가 그의 신체적 능력, 특히 감각기관을 사용할 수 있는 법을 배우는 것이다. 교사는 이 기간 중에 아동의 진정한 요구와 변덕을 구별할 줄 알아야 한다. 제2권은 아동이 말을 배우는 때로부터 12세까지의 기간을 다루고 있다. 이 기간 동안 게임이나 다른 형태의 유희가 허용돼야 하며 아동들이 너무 일찍 공부를 재촉 받아서는 안 된다고 루소는 역설하고 있다. 아동은 말에 의해서가 아니라 경험에 의해 배워야 하며 어른의 명령에 따를 것이 아니라 자신의 필요에 따라야 한다는 것이다. 제3권은 12세부터 15세까지를 다루고 있는데 이 시기는 아동들이 배울 시기이나 교과서를 통해서가 아니고 자연세계라는 책을 통해서 배워야 한다. 제4권에서는 15세에서 20세까지로 성에 눈뜨고 사회관계에 직면하게 되는 시기이다. 따라서 이 시기의 교육의 주된 임무를 성의 자각에 대한 교육, 애타적 감정의 양성, 도덕적·종교적 정서의 함양에 있다고 했다.

제5권에서 다루고 있는 에밀의 배우자가 될 소녀의 교육은 자연성이라는 관점에서 소년의 교육과 비슷해야 할 것이나, 남녀차이의 견지에서 여자를 남자로 길러서는 안 된다는 것이다. 여자는 가정의 중심이며 주부이며 어머니로서, 남편에게 봉사해야 하고, 남자보다 평판에 더 관심을 가져야 한다. 따라서 여자의 지적 교육은 본질적인 것이 아니므로 여자의 교육은 실용적인 측면을 더 중시해야 한다고 했다.

이상과 같이 교육의 임무를 아동의 자연적 성장을 돕는 일이라 강조했으며 교사를 조언자의 입장으로 재정의(再定義)했다. 그는 또한 지식의 증대와 도덕적 성장이 정비례하지 않는다고 생각하여 현대의 문화를 비판하고 진보에 대한 순진한 낙관론에 반대했다. 따라서 그의 교육이론은 종래의 인위적이고 형식주의적이던 것과는 전혀 다른 혁명적인 것이었다. 이런 의미에서 그를 근대 교육사상의 비조(鼻祖)라 할 수 있을 것이다.

19세기에 들어와 루소의 영향을 받은 사람들 중에는 페스탈로치 · 프뢰벨 · 헤르바르트를 들 수 있다.

페스탈로치 1746~1827

페스탈로치는 루소의 제자 중에서도 가장 루소의 이론을 계승 · 발전시킨 사람으로서 그는 근대 초등교육의 기초를 쌓았다. 그는 하층계급의 기수로 나서 1774년 취리히 근처에 고아원을 창설하여 고아들에게 생산적이고 자조적인 생활을 영위할 수 있도록 농업과 간단한 기술을 가르쳤다. 페스탈로치는 이 사업에 실패하자 저술생활로 되돌아가 1801년 "게르트루드는 어떻게 아이들을 가르치나"를 출간했으며, 1805년에는 이베르든에 그의 유명한 기술학교를 세웠다. 기술학교는 그 후 20년 동안 번창하여 유럽 각국의 학생들이 여기에 통학했고 철학자 피히테, 교육가 프뢰벨, 헤르바르트, 지리학자 리터 등이 방문하여 배워가기도 했다.

페스탈로치는 종합적이고 체계적인 교육원리와 방법에 대해 저술한 일은 없으므로 그의 교육에 대한 사상은 여러 권의 그의 저서에서 산견(散見)되고 있으나 그의 교육이론의 기초는 다음과 같이 요약될 수 있다.

즉, 교육은 체계적이어야 한다. 지적·도덕적·신체적 교육 (그의 말로는 머리·가슴·몸의 발전)이 통합돼야 하며, 인간이 갖고 있는 여러 가지 기능, 즉 자기의 능력을 끌어올려야 한다. 교육은 문자 그대로 이러한 자기능력—근육노동과 연습의 격려에 의한 신체적 능력, 도덕적 행동의 습관의 격려에 의한 도덕적 능력, 감각의 정확한 사용의 격려에 의한 지적 능력—의 추출이 되어야 한다. 페스탈로치는 이를 위해 다음과 같은 실천적 교육방법을 제시했다.

첫째, 경험이 상징을 우선한다. 아동에게 인생의 진실을 가르쳐 주는 객관적 학습에 교육의 중점을 두어야 한다. 사랑은 간접적으로 배운 것을 통해서보다는 그가 실제로 직접 경험한 것을 통해 훨씬 더 잘 교육을 받는다.

둘째, 교육은 아동 중심적이어야 한다. 아동의 개인차를 인정해야 하며, 배울 수 있는 자유를 인정해야 한다. 교사의 임무는 아동의 자발적 노력을 도움으로써 계속적으로 친절한 감독을 하는 데 있다. 또한 교육의 단계는 아동발달의 단계에 부합해야 한다.

셋째, 교육은 균형이 잘 잡혀야 한다. 지적·도덕적·신체적 능력이 하나가 되어야 한다. 페스탈로치의 이러한 교육사상은 그가 빈민 출신 아동의 구호사업을 해본 경험에서 깊은 영향을 받았다. 이 때문에 그는 또 교육에 있어서의 가정의 역할을 중시하고 기술습득에 역점을 두었다. 그의 이런 사상은 그가 교육을 통해 사회개혁을 실현하려 했기 때문이다. 그는 이 세계가 불합리하고 비참하다는 것을 깨닫고 이를 개혁하려 했었는데 계몽주의운동이 교육의 임무를 이성의 등불을 밝히는 데 있다고 보았다면 그는 이 세상이 진흙탕에서 빠져나와 구원되는 길은 이성만이 아니고 무엇보다도 사랑이라고 본 것이다. 교육에 있어 사랑과 박애를 중요시한 니일의 사상적 원천은 이처럼 니일이 인식했든 안했든 페스탈로치였다고 볼 수 있다.

페스탈로치의 이 같은 교육이념은 독일, 특히 프러시아와 작센에 큰 영향을 주었으며, 영국에는 영향이 크지 않았다. 19세기 전반의 영국 교육제도는 완전히 벨과 랭커스터의 영향 아래 놓여 있었으므로 페스탈로치는 우습게 취급되어 "비참한 독일인"이니, "이상주의적 몽상가"라고 불리웠다. 그러나 페스탈로치의 영향은 런던 유아학교와 본국 및 식민지학교협회에서 작으나마 찾아볼 수 있다.

미국에서는 필라델피아의 맥루어에 의해 소개됐다.

스위스에서는 베른 근처인 호프빌에서 펠렌베르크가 빈민교육을 위한 학교를 설립했다. 이 학교는 일종의 교육구 내지 소형 국가와 같은 것을 목표로 한 타입이었는데 이 학교 안에서는 작업은 자조(自助)의 수단이며, 교육과정은 교사와 아동의 공동책임이었다. 이 학교에서 주목할 만한 것은 호머 레인의 더 리틀 커먼웰즈의 원형과 같은 점이 발견되기 때문이다. 니일의 서머힐도 결국 이러한 전통에 입각하여 세워진 것이다.

프뢰벨 1782~1852

페스탈로치 다음으로 19세기 초기에 서양의 교육사상에 큰 영향을 끼친 사람은 프뢰벨이다. 루소 · 프로이드 · 페스탈로치에 이어 니일 사상의 토양(土壤)이 된 것이 그일 것이다. 프뢰벨은 유치원운동의 창시자로서 아동기의 건설적 유희와 자발적 활동의 중요성을 강조했다. 프뢰벨은 1805년, 페스탈로치의 제자인 그루너를 만나 그의 권유로 교사가 되기까지 여러 가지 직장을 돌아다녔다. 그는 그루너와 함께 학교 일을 보다가 1807년, 이베르돈의 페스탈로치를 방문하고 괴팅겐과 베를린에서 공부한 다음, 그 자신의 학교를 설립키로 하고 1816년 그리이스하임에다 일반 독일교육소를 세웠다. 이 학교는 나중에

카일하우로 옮겼는데, 그와 그의 친구들과 그 부인들과 자녀들의 교육공동체 비슷한 것이었다. 니일은 프뢰벨의 이러한 교육공동체에 관해 별로 언급치 않고, 자기에게 영향을 준 것은 레인의 학교였다고 하나 프뢰벨의 학교는 실험학교 중에서도 페스탈로치의 그것과 함께 선구적인 것이었다.

프뢰벨의 저서 중 가장 중요한 저작인 "인간교육"이 발간된 것은 이 실험학교 시절이었다. 1831년에 다시 스위스로 가서 학교와 고아원과 교사훈련소를 개설하고 1837년에는 귀국하여 카일하우에다 세계 최초의 유치원을 세웠다. 그의 유치원은 유럽 각국의 관심을 끌어 많은 유치원이 생기게 됐다. 그의 교육사상은 신비적이고 형이상학적인 데에 바탕을 두고 아동을 신과 자연과 휴머니즘의 아들로 보았다. 교육은 두 가지 측면, 즉 교사는 아동의 자기발전과 독자적 활동을 방해하는 것을 제거해야 하고 또 인간의 경험이 옳고 최선이라고 가르친 것으로부터 이탈할 때 이를 교정해 주지 않으면 안 되는 측면을 갖고 있다. 따라서 교육은 방법을 제시하고 제공하는 것이라고 했다. 교사는 아동에게 간섭하거나 강제적인 교육을 부과해서는 안 되지만, 아동이, 특히 유치원생 나이의 아동이 불안정한 상태에 있거나 잘 울거나 고집이 센 때에는 교사가 그 이유를 찾아서 아동의 창조적 발전에 방해가 되는 숨은 장애를 제거해 줘야 한다는 것이다.

프뢰벨에 의하면 학교는 외부의 지식을 마구 획득하기 위한 곳이 아니고, 학생들이 사물의 내재적 관계를 알기 위해 모이는 곳이어야 한다. 사물이란 신·인간·자연과 이들의 화합을 의미한다. 요컨대 프뢰벨에 따르면 학교란 지식의 전달에 일차적인 관심을 가질 것이 아니라 성격의 개발과 배우고 싶은 올바른 동기를 길러주는 곳이어야 한다. 이러한 이론은 20세기인 지금에는 하나의 상식 같이 보이지만 당시로서는 획기적인 이론이었다.

그러나 프뢰벨의 사상 중에서 무엇보다도 후세에 영향을 준 사상은 아동의 놀이의 중요성을 강조한 그의 견해였다. 그는 작업이나 수업과 같이 게임이나 놀이가 아동의 내적 충실을 실현시키도록 이루어져야 한다고 주장했다. 게임은 게으른 시간 낭비가 아니고, 아동의 발전에 가장 중요한 단계이다. 게임은 아동이 어떻게 발전하는가를 측정하는 단서로서 교사들은 면밀히 관찰해야 한다고 했다. 프뢰벨은 특히 아동들의 장난감에 관심을 가졌었다. 그래서 은물(恩物)이라는 장난감을 고안해 내기도 했다. 이러한 프뢰벨의 생각에 기초한 유치원운동은 1852

년의 그의 사후, 25년 동안 유럽 각지에 퍼졌다. 이런 중에 영국에서는 유아학교로 나타났다.

니일 이전의 아동중심 교육사상

20세기 전반기의 서양 교육사상의 경향은 교육에 있어서의 심리학의 영향과 전통주의적 및 실험적 제운동을 특징으로 들 수 있다. 교육에 있어 심리학의 문제는 교수방법에 심리학의 응용을 주장한 헤르바르트로 거슬러 올라가지만 근대적 의미에서 이를 주장한 사람은 독일의 분트였다. 그는 1879년 최초로 라이프치히 대학에 심리학연구소를 개설했다. 분트의 생각은 미국의 제임스에게 전수되었다. 아동중심주의는 입장에 따라서 진보주의의 하나로 취급하는 견해도 있는데 그 이유는 아동중심주의를 주장한 사상가들이 진보주의운동의 선구자들이기 때문이다. 아동중심주의를 주장하는 사상가들에 의하면 학교는 아동의 필요에 적응해야 하며, 아동을 학교의 필요에 적응시켜서는 안 된다는 것이다. 아동중심주의운동의 대표자인 미국의 파아커는 학교에 있어 중요한 것은 질서정연하고 논리적으로 배열된 과목들을 배우는 데 있는 것이 아니라, 아동자신의 발전에 있다고 주장했다. 프뢰벨의 영향을 받은 파아커는 매사추세츠 주의 퀸시에서 1875년 그의 사상을 실천에 옮겼다. 그는 낡고 완고하고 부자연스러운 명령을 금지시키고, 새로운 활동계획을 도입했다. 학과목은 그의 이러한 사상에 맞도록 개편되어 서로 연관성 있게 되었다. 1883년에 그는 일리노이 주의 쿠우크 군 사범학교로 옮겨가 퀸시에서 하던 방법을 적용했다. 그는 전통적 학교의 기계적인 일관작업적인 방법론을 공격하고 그 대신 질적 교수를 강조했다. 질적 교수란 활동, 창조적 자기표현, 소풍놀이, 개인의 이해, 인격의 개발 같은 것을 뜻한다. 파아커는 또 미술 · 음악 · 공작 · 과학, 신체적 훈련에 대한 필요성을 강조했는데, 이것이 퀸시 방법이다.

아동중심주의 교육운동의 다른 유형은 신체적 · 정신적 장애아들에 대한 연구결과에서 비롯됐다. 장애아들에게는 보통의 학교에서는 통하지 않는 교육방법들이 강구될 수밖에 없었는데 이러한 방법이 성공적임이 판명되자 이 방법은 드디어 정상아 교육에도 적용되기에 이르렀다. 1920년까지 이탈리아의 몬테소리와 벨기에의 드크롤리가 이를 시도했다. 몬테소리 방법의 이론적 기초는 아동들이 그들의 부모나 교사의 지배로부터 벗어나려 한다는 가설에 두고 있다. 몬테소리에 의하면 어른과 어린이 사이에는 항구적인 갈등이 존재한다. 어린이들은 생존을 위해 자기들의 본성과 배치되는 행동을 하지 않을 수 없는 어른들의 억압의 불행한 희생자들이다. 따라서 교육개혁의 첫 번째 과업은 성인교육에 있다. 어른들로 하여금 양심에 눈뜨게 하고 우월감을 버리게 하고 젊은이들에 대하여 겸허하고 너그럽게 되도록 해야 한다. 둘째번 과업은 어린이들이 욕구불만에서 해방된 자기 스스로의 생활을 가질 수 있도록 환경을 조성해 주는 일이다.

드크롤리의 방법은 교육적인 놀이의 방법으로 흥미와 개인적인 교수법에 기초를 둔 교육과정을 준비한다. 중요내용은 "작업장 겸 교실", 즉 동시에 작업장이 되는가 하면 공부방이 되고 박물관도 되고 동물원이 되고 도서관도 되는 장소를 마련해야 한다는 것이다. 아동들은 여기서 필요에 따라 자유롭게 일하고 계획하고 얘기하고 구경하며 서로 협력할 수 있다. 교사가 어린이들을 지도하는 데 있어서, 규칙적인 방법에 따라야 한다. 그리고 읽고 쓰고 계산하는 것을 가르칠 때에는 부분보다도 전체를 우선적으로 생각하도록 해야 하고 인생의 경험을 종합적으로 생각할 수 있도록 배려되어야 한다. 이상과 같은 몬테소리법과 드크롤리법은 곧 전세계적으로 전파되어 근대교육의 혁신에 도움을 주었다. 특히 몬테소리의 경우에는 국제 몬테소리 학회가 생겨 그 영향력이 컸으며 이러한 아동중심주의 사상은 교수법의 개선에 큰 자극을 주었고, 교수법에서 어린이의 요구와 능력의 개인차를 중요시하는 계기를 마련했다.

유럽에서의 실험학교 운동

세계최초의 현대적 실험학교로 알려진 영국 더어비시어 주의 에보트호움 실험학교는, 영국의 교육가 레디에 의해 설립됐다. 레디는 1882년 영국에 설립된 신생활운동협회의 회원이었으며 이 협회는 실험학교 설립을 추진했다. 협회는 "모든 학교는 중세에 그랬던 것처럼 공동사회이거나 소공화국이거나 국가이어야 한다"는 주장을 내세웠는데 여기서 유토피아적 전통이 엿보인다. 레디가 이 실험학교에 내건 목표는 "자유는 법을 통한 복종"이라는 것으로 이에 따라 자유를 통한 인격의 개발에 있었다.

수업의 목적은 지식의 전달뿐 아니라 성격을 발전시키고 이성과 판단력을 고무하는 데 있었다. 수업방법은 다양했으나 가장 애용된 것은 집단토의였다. 이 학교의 새로운 점은 학생들의 자치였다. 레디를 도와주던 베들리는 1893년 햄프시아 주 피이터스필드에 비데일즈 학교를 세웠다. 이 학교는 근본적으로 레디의 방법과 같았으나 큰 차이로는 세계 최초로 남녀공학제를 채택한 점이다.

비데일즈에 이어 설립된 영국의 실험학교는 허트포드시어 주의 레치 워스의 세인트 크리스토퍼 학교와 서리 주 판함의 프렌즈함 하이츠 학교, 햄스테드의 킹 알프레드 학교, 케임브리지의 몰팅 고등학교, 서섹스 주 하팅 근처의 비콘 힐 학교(버터란드 러셀과 그이 부인 도라 러셀이 1927년에 창설), 서포크 주의 서머힐 학교, 데본 주 토튼즈의 다아팅턴 호올 학교 등이다. 이들 학교의 대부분은 남녀공학이며, 어른의 압력으로부터 어린이들을 해방시켜야 할 필요성을 강조하고 풍부하고 다원화한 사회생활을 갖게 하려는 데 목적을 둔 진보주의적 실험학교들이었다.

영국의 애보크호움 학교는 독일에 영향을 주어, 헤르만 리츠가 1898년 독일지방교육원을 설립하고, 프랑스에서는 에드몽 드몰랭이 1899년에 로슈 학교를 세우고, 이탈리아에서는 아가치의 수녀들이 취학 전 아동을 위한 학원을 설립했다. 나중에 이탈리아의 학령전 아동교육의 모델이 된 이 학원은 시골의 분위기 속에서의 아동들의 놀이를 강조했다.

몬테소리가 로마에서 어린이의 집을 세운 것은 1907년이다. 여기서 몬테소리는 독특한 교구를 창안하여 아이들로 하여금 스스로 하는 자습에 의해 능력을 개발하도록 했다. 이밖에 새로운 진보주의 교육방식을 도입한 선구자들은 앞에서 언급한 벨기에의 오비드 드크롤리와 스위스의 아돌프 페리에르, 독일의 엘리자베드 로텐이다.

1921년 전유럽으로부터 1백 50명의 진보주의 교육가들이 프랑스의 깔래에서 국제회의를 열었다. 이 회의는 1920년 신교육에 관한 사상과 경험의 교류를 목적으로 한 잡지 "신시대"를 창간한 영국의 엔소어 부인이 조직한 것이다. 니일도 이 회의에 참석했으며, 서머힐의 전신인 국제학교가 독일의 드레스덴에 설립된 것은 이 회의 직후였다. 이 회의에서 전세계 각국의 진보주의교육자들을 연결하기 위한 신교육협회가 창설됐는데, 각국에 지부를 두고 활동을 벌였으며, 지부를 둔 나라는 11개 유럽 국가 이외에도 오스트레일리아 · 인도 · 이집트 · 파키스탄 · 뉴질랜드 · 남아프리카 · 남미 각국이다.

이 협회는 1955년까지 미국의 진보주의교육협회와 유대관계를 맺었다.

1900년 이후 유럽에는 미국의 진보주의사상과 실천, 특히 듀이의 사상이 역유입되어 유럽의 진보주의적 경향과 합류했다. 그 결과 유럽에서도 사회교육의 강조와 개인의 요구를 급변하는 사회의 요구에 상응시키는 교육의 강조로 나타났다.

미국에서의 실험학교 운동

미국에서의 진보주의 교육운동은 유럽에서보다 더 한층 뚜렷이 진보주의 사회운동의 일환으로서 제기됐다. 도시에서는 도시정화와 도시개혁의 한 측면으로서, 농촌에서는 급진적인 농업주의에 대한 온건하고도 자유주의적인 대안으로서, 도시 노동자들에게는 사회교육의 방법으로서, 전위적인 학자들이 요구하는 새로운 교수방법으로서 제기된 것이다. 이러한 진보주의 교육운동은 유럽에서와는 달리 각계의 지지를 얻는 데 성공하여 불과 20년 만에 미국의 교육과 학교의 성격에 큰 변혁을 초래하였다.

미국의 진보주의 교육운동은 대체로 다음과 같은 세 갈래의 기원에서 유래됐다. 첫째는 17세기에서 19세기에 이르는 동안, 유럽에서 일어난 교육개혁사상이 그것이고, 둘째는 남북전쟁

(1861~1865) 이전부터 만 등이 주장한 자유로운 사회에 있어서의 보편적인 교육이론이며, 셋째는 19세기 말부터의 급격한 산업화에 따른 미국사회 자체의 변화에서 나온 것이다.

이상과 같은 배경 아래서 듀이가 진보주의 교육사상의 아버지라고 부른 파아커는 1875년 매사추세츠 주 퀸시 시의 학교들을 개혁, 종래까지의 암기식교육을 지양하고, 학교의 교과과목을 아동들에게 한층 더 유익하게 고안한 새로운 학습방법을 도입했다. 그의 개혁은 세계적인 관심을 불러일으켰는데, 이것이 이른바 퀸시 제도이다.

이어 다음 해인 1876년에는 필라델피아 1백주년 기념전시회에서 러시아의 학교제도가 소개되자, MIT대학 총장인 렁클, 워싱턴 대학의 우드워드, 뉴욕의 실업가 옥크뮤티가 미국의 중등학교 교육내용에 있어서의 편협한 지적 교육치중을 맹렬히 비난하고, 산업훈련과 직업교육의 중요성을 강조하여 반향을 불러일으켰다. 이를 계기로 1870년 후반에 여러 농민단체회의가 학교와 대학 교육에 실제적인 농업훈련이 부족한 점을 비판하는 결의안을 채택했으며, 1880년대까지 이러한 교육 비판이 확대되었다.

이렇게 불이 붙은 진보주의적 교육개혁론은 1890년대에 이르러 전면적인 사회개혁운동으로 확대되어, 각계각층에서 논거나 입장에는 차이가 있었지만, 전통주의교육의 편협성과 형식주의를 공격하는 데는 일치를 보았다. 이 중에서도 특히 많은 대학교수들과 교육학자들이 심리학·사회학·교육학의 새로운 발전에 근거하여 과학교육을 강조하면서 학교의 개혁을 주장하였다. 진보주의교육 운동의 대표자는 저서 "민주주의와 교육" 등을 내고 실험학교를 세운 존 듀이이다. 1919년 "진보주의교육학회"가 발족된 이래 이 운동은 미국을 지배하고 유럽에도 영향을 주었다. 니일의 서머힐 학교는 이 운동이 미국에서 만개하던 무렵에 개설됐다.

니일사상의 영향과 서머힐의 장래

　니일의 교육사상과 서머힐이 준 영향은 두 가지로 나누어 살펴볼 수 있다. 첫째는 니일이 끼친 직접적인 영향으로 많은 진보적인 학교를 탄생시키고 진보적 교육운동에 불을 붙인 점이다. 둘째는 니일의 간접적인 영향으로 비록 전통적 교육이 유지되고 있는 경우에도 어린이에 대한 태도를 비롯하여, 종래의 교육관에 일대 혁명적 반성의 계기를 제공한 점이다. 이 두 번째 영향은 니일의 불후의 업적이라 할 수 있다. 다음에 순서대로 살펴보기로 하자.

　니일의 교육사상이 서머힐의 본거지인 영국에서는 완고한 보수적 전통 때문에 오히려 일반적으로 배격된 것이 사실이었다. 니일 자신이 말하듯 영국 런던의 거리에서 지나는 신사를 붙들고 서머힐 학교를 물으면 그런 학교 이름은 들어보지 못했노라고 대답할 것이라고 했다. 하지만 그의 사상이 해외의 진보적 교육자들에게는 일찍부터 영향을 주었다. 니일의 저서는 유럽의 거의 모든 나라말과 일본어 · 헤브라이어 · 힌디어 · 구자라트어(인도 서부 언어) · 한국어 등 모두 10여 개 국어로 번역됐고, 서머힐 학교에는 지난 50여 년 간 노르웨이 · 스웨덴 · 덴마크 등 유럽 각국을 비롯하여 오스트레일리아 · 뉴질랜드 · 남아연방 · 캐나다 · 일본 등지에서 어린이들이 왔다. 미국과 서독에서는 1960년대와 70년대에 니일의 책이 베스트셀러가 됐고, 일본에서는 니일의 사상에 영향을 받은 교육연구단체가 생겼다. 아프리카의 수단에서까지 서머힐은 관심의 대상이 되었다. 뿐만 아니라 영국에서도 일반적으로 광범위하게 받아들여지지는 않았다 하더라도 영국의 실험학교 운동에서 차지하는 서머힐의 위치는 가장 뚜렷한 이정표가 되었다.

그러나 이러한 사실에도 불구하고 서머힐이 구체적으로 영향을 발휘하기 시작한 것은 1960년대 경부터였다고 보아야 할 것이다. 그것은 영국과 미국에서의 자유학교 운동이다.

영국의 경우 1970년대에 들어와 자유학교라는 초등학교가 속출하고 있다. 이러한 현상에 대해, 1973년 "더 타임즈"의 기자가 니일에게 "이것은 어디에선가 비롯된 것이 아닌가?"고 묻자 니일은 "그것은 모르지만 시대의 정신 탓이다. 누군가 특정한 사람의 영향 때문이라고 말할 수는 없을 것이다. 그런 것을 추궁하기보다 더욱 중요한 것은 그들이 하고 있는 내용이다"라고 대답했다.

자유학교 운동과 관련하여 1970년대에 들어와서 런던을 중심으로 개방계획 학교 운동이 벌어졌다. 이것은 어린이들을 좁은 교실에 가두어 두지 않고 넓은 홀 같은 곳에서 각각의 어린이들에게 자신이 선택한 활동을 하도록 하는 것으로 많은 자유를 인정하는 방법이다. 이 운동은 런던 대학교 사범대학 등에 의해 지도되고 있다. 지도자의 한 사람인 위츠 교수에 의하면 이것은 니일의 영향이라고 한다. 위츠는 "우리는 니일로부터 대단히 많은 영향을 받았다. 니일 등이 몇 10년 전에 사립학교에서 시작한 진보주의교육을 우리는 1970년대의 공립학교에서 재생하려고 하고 있다."고 말했다. 또 다른 지도자인 깁스 교수는 "엄밀히 말하여 개방계획 학교 그 자체는 니일의 영향을 받았다고 말하기 어려울 것이다. 서머힐의 방법을 그대로 공립학교에 옮기는 일은 불가능하기 때문이다. 하지만 교육이라는 것을 어떻게 생각하느냐, 어린이는 어떤 존재 이냐라는 점에서 우리는 니일로부터 대단히 많은 것을 배웠다"고 말했다.

미국에서도 홀트와 서머힐의 졸업생인 쿨트보지 등이 중심이 되어 새로운 학교들이 계속 탄생했다. 이들 학교의 대부분이 니일의 영향을 받고 있다.

미국에서는 이미 1960년, 니일의 "서머힐"이 처음으로 출판 됐을 때 그의 출판업자인 하아트가 서머힐 협회를 조직했는데 그 목적은 미국에다 서머힐 형의 학교를 세우는 데 있었다. 이 를 계기로 10여 개의 학교가 세워졌고 모두 서머힐식 자유를 내세웠다. 그러나 니일은 신문지상을 빌어, 이들 학교가 서머 힐이라는 이름을 그대로 쓰지 못하도록 요구했다. 그 이유는 그들 중 많은 학교들이 반 시간씩 강제적인 종교교육을 실시하 고 또 학생들에게 벌을 주기도 하고, 자유와 방종을 혼동하기 도 했기 때문이라고 니일은 그의 자서전에서 밝히고 있다.

미국의 경우에 "벽 없는 대학" 운동 역시 니일의 영향을 받았 다. 이 운동의 골자는 학생 각자의 교육계획이 그 사람의 요구 와 흥미에 맞도록 개별적으로 짜이는 데 있다. 즉, 서머힐에서 와 마찬가지로 학생이 공부하고 싶다고 생각하면 이수할 수 있 는 여러 가지 코스가 마련된다. 그러나 학생은 대학 내에 살면 서 독립적인 공부를 해도 좋고, 혹은 국내 또는 국외에 설치되 어 있는 학외연구 센터에 가서 해도 좋다. 여기서는 학생이 본 국이나 대학에서 이전에 알고 있던 것과는 아주 다른 생활양식의 체험을 하게 된다. 학생은 대학의 방침결정에 있어 발언권과 투표권을 갖는다. 남녀동거의 학생기숙사도 승인되어 있고 구속하는 규칙은 거의 없다. 창조성이 억압되는 대신 존중되어지고 있다.

이와 같이 미국에서도 니일로부터 직접적인 영향을 받았다고 볼 수 있는 학교가 다수 생겨난 것이다.

다음으로 니일이 전통적 교육에 미친 간접적인 영향을 살펴보자. 니일을 비판한 모리스펀치는 니일과 서머힐이 존재하지 않았다면 영국 교육은 크게 빈곤하게 됐을 것이라고 말하면서 니일이 영국의 교육제도에 끼친 영향을 열거하는 것은 불가능하다고 했다. 그 이유는 원인적 관계를 사상사에서 추적하기란 지극히 어려운 일이라는 것이다. 그러나 그는 니일이 국가의 교육제도에 있어서 어린이에 대한 태도에 변화를 가져오게 한 것을 높이 평가하고 있다. 니일이 전통적 교육 자체에 하나의 회오리바람을 불러일으킨 것은 앞에서 본 바와 같이 많은 사람들이 이미 평가를 내렸으므로 여기서는 이 정도로 끝내고 이제는 서머힐의 장래를 살펴보기로 하자.

니일의 작고 후, 서머힐은 이미 앞에서 설명한 바와 같이 그의 미망인 이이나 부인에 의해 유지되고 있다. 니일은 죽기 전에 자기의 부인인 이이나가 서머힐을 맡아서 운영해 주기를 희망했었다. 그러나 니일이 없는 서머힐이 언제까지나 지탱되겠느냐는 데는 의문이 없지 않다. 서머힐은 무엇보다도 니일이라는 한 위대한 인물의 힘으로 50여 년 간이나 유지된 것이 사실이고 보면, 니일 없는 서머힐을 상상하기란 힘든 일이라 하지 않을 수 없다.

그 이유는 첫째 니일의 인간성이 거의 완벽하게 결점이 없었다는 점을 들 수 있다. 비록 그의 교육사상에 대하여 비판적인 사람은 많았다 하더라도 그의 인간성을 비판한 사람은 거의 없었다.

둘째번 이유는 니일이 카리스마적 권위를 가지고 있었다는 점이다. 니일은 서머힐의 아이들에게 뿐만 아니라, 그를 지지하는 많은 진보적인 지식인·학자들에게도 카리스마적 존재였다. 이 때문에 서머힐은 전통적 교육자들로부터의 계속적인 공격 속에서도 반세기 이상 견디어 왔다.

셋째로는 니일의 불굴의 정신과 끈기에 있다. 그는 그동안 많은 재정적 곤란에 당면하고도 이를 끈기로써 극복해 왔다. 그를 지지하는 서머힐 협회가 1960년대에 런던과 뉴욕에서 결성된 것도 그의 탁월한 인간성 때문이었다. 1968년 당시의 영국

노동당정부는 서머힐을 폐쇄시키려다 중지한 바 있다. 니일은 자서전 속에서 노동당정부는 사업이든 학교든 개인 기업을 반대하므로 사립학교를 폐쇄시킬지 모른다고 우려를 표명하고 그렇게 되면 교육의 선구적 사업은 끝장이 나 버릴 것이라고 말했다. 니일은 언젠가 정부 관리들이 "이제는 그 늙은이가 죽었으니 아이들을 하루 종일 놀리기나 하는 학교를 없애 버리자"고 말할지 모른다고 했다.

그러나 니일은 문제는 서머힐이 계속 유지되더라도 서머힐에 어느 정도의 자유가 허용되느냐가 문제이며 예상될 수 있는 것은 타협이라고 말하고 "서머힐이 자유를 잃기보다는 차라리 없어지는 편이 낫다"고 말했다. 그러면서 니일은 이이나가 살아 있는 한 서머힐은 기본원칙에 충실할 것이라고 믿었다.

따라서 설사 이이나가 서머힐을 끝까지 지키더라도 그 후의 서머힐은 어떻게 될지 극히 의문에 속한다고 하지 않을 수 없다.

"니일 역시 그의 사후의 서머힐의 장래에 대해 비관적이었던지 만약 이 사회가 서머힐의 교육방식을 채택한다고 하더라도 긴 기간 동안 이를 계속 쓰지는 않을 것으로 생각한다고 말하고 세계는 더 좋은 방법을 발견할지 모른다. … 아니 발견하지 않으면 안 된다"고 말했다.

니일은 그의 자서전에서 자기 사후에 서머힐 학교 출신자들이 서머힐 협회를 만들어 서머힐의 정신이 외부의 영향으로 변하는 것을 막겠다는 이야기가 있다고 지적하면서 그때도 그의 사상이 수구(守舊)에 흐르지 않고 더욱 발전되기를 바란다고 다음과 같이 말했다.

"내가 우려하는 것은 "니일이 그것을 이렇게 했으니 우리도 이렇게 해야 한다"는 식의 과거에 집착하는 나쁜 관료주의이다. 어쨌든 위원회는 선구자는 아니다. 왜냐하면 그들의 발걸음은 많은 보수주의자의 발걸음이기 때문이다."

니일은 그의 자서전에서 그의 사후에도 서머힐이 현재 어린이들에게 허용하고 있는 정도 이상의 자유를 상상할 수 없다고 말하고 다만 성(性)의 분야에서는 예외라고 예측했다. 니일은 앞으로 50년 이내에 자유학교들은 부모와 사회의 승인을 얻어 청년기의 학생들에게 완전한 애정생활을 부여할 것이라고 말했다.

니일은 이어 서머힐 자체의 장래는 별로 중요하지 않으나 서머힐 사상의 장래는 인간성에 있어서 가장 중요하다고 다음과 같이 강조했다.

"서머힐의 장래 그 자체는 별로 중요하지 않다. 그러나 서머힐 이념의 장래는 인간성에 있어서 가장 중요하다. 새로운 세대에게는 자유 속에서 자랄 수 있는 기회가 주어지지 않으면 안 된다. 자유를 주는 일은 사랑을 주는 일이다. 그런데 오직 사랑만이 이 세계를 구할 수 있다."

제 5 장
니일 사상과 서머힐에 대한 평가

긍정적 평가

    로오렌스는 그의 "현대교육의 기원과 성장"속에서 "실험학교들은 대부분이 진보주의 교육운동과의 관련 아래서 더 리틀 커먼웰즈의 레인 ,서머힐의 니일, 네덜란드의 베르크플랴츠의 케스 뵈케와 베티 뵈케 등의 지도 아래 20세기에 탄생하여 교육의 새로운 방식을 정착시켰다"고 지적했다. 로오렌스는 니일을 레인 다음의 실험학교 운동가로 평가함으로써 진보주의 교육운동에 있어서의 선구적 역할을 인정하고 있다.

    페들리는 그의 저서 "종합학교"에서 니일이 어느 누구보다도 영국의 교사들로 하여금 종래의 권위의존방식과 처벌주의로부터 아동의 첫 번째 요구가 사랑이라는 새로운 사실을 깨닫게 했다고 지적하고, 학생과 교사 간의 친근성은 1923년(서머힐이 처음 생긴 무렵-필자주)과 1963년(40년 후인 당시-필자주)에 커다란 차이를 보이는 바 이러한 변화는 니일의 덕분이라고 분석했다.

로저스는 그의 저서 "학습의 자유"에서 교육자들이 학생들에게 자유를 주는 여러 가지 방법 중에서도 니일과 그의 서머힐 학교에서의 자유는 "가장 극단적인 방법일 것"이라고 지적하고 "서머힐 학교는 많은 교육가들에게 충격을 주는 방식이었다"고 평가했다.

스튜아트는 그의 저서 "교육개혁가들"에서 니일은 40년 이상에 걸쳐 영국에서 어느 시대의 어느 교육가보다도 급진적인 교육관을 충실히 관철해 왔다고 평가했다. 애보트호움이나 비데일즈 학교 등 과거의 진보적인 학교의 대표적인 학교들이 사실상 혁신성을 상실한 후에도 서머힐은 진보적인 교사들에게 있어서 언제까지나 밝게 빛나는 별이며, 그들의 용기의 샘이 되고 있다고 평가했다. 그러나 니일에 대한 본격적인 평가를 한 사람들은 다음과 같이 말하고 있다.

1960년 미국의 하아트 출판사가 니일의 주요저서 4권을 발췌 편집하여 "서머힐"이라는 책으로 출판하자, 곧 베스트셀러가 되고 많은 사람들 사이에서 격렬한 논란이 일기 시작했다. 그러자 하아트 출판사는 1970년에 저명한 심리학자·교육학자·교육행정가·사회학자·인류학자·대학운동가·저술가·신부 등 20여 명에게 니일에 대한 평가를 위촉하고 이를 모아 "서머힐—그 찬반론"이라는 책으로 다시 출판했다. 여기에 나와 있는 여러 가지 평가 중에서 공통적으로 지적받은 점들을 대체로 인원수가 많은 순으로 배열, 긍정적인 평가와 부정적인 비판으로 살펴보고자 한다. 그리고 평가와 비판에서 지나치다고 느껴지는 과대평가나 과대비판 또는 왜곡비판을 지적하여 저자의 견해를 피력하고 끝으로 저자 나름의 평가를 행해 볼까 한다.

니일에 대한 대표적인 긍정적 평가를 먼저 살펴보자.

(1) 니일의 기본사상과 서머힐의 정신은 생긍정적(生肯定的)이다

이러한 평가를 한 사람은 프롬(미국의 심리학자), 애커만(미국의 정신분석학자), 컬킨(미국 예수회파 신부), 몬태규우(미국 인류학자)와 왓슨(미국 교육학자), 핀치(영국 사회학자), 헤친저 등이다. 이들은 니일의 기본사상이 어린이들에게 생명애를 불어넣는 애생정신(愛生情神)으로 죽음으로 향하지 않고 삶으로 향하는 문화의 가능성을 제시해 주었다는 것이다. 서머힐의 이상은 시적인 꿈이고 그 기본목적과 동기가 선량하며, 서머힐의 정신은 아동에 대한 사랑과 존경으로, 서머힐은 성스러운 곳이라고까지 보았다. 니일의 정신은 분열된 오늘날의 문화 속에서 인간을 한층 밀착시키고 융화시킨다는 것이다.

(2) 니일에서 높이 평가할 점은 아동에 대한 이해·사랑·존경·성실성이다

이러한 평가를 한 사람은 홀트(미국의 교육학자), 몬태규우, 컬킨, 페파네크(미국의 교육심리학자), 베틀하임(미국의 교육학자) 등이다. 이들에 의하면 니일은 사랑의 본질인 아동들에 대한 관용과 신뢰의 중요성을 이해하고 있었으며, 아동에 대한 존경과 성실성으로 많은 성과를 이룩했다는 것이다.

본래 억압은 도전을 눈뜨게 하고, 도전은 복수를 요구하며, 범죄는 복수이기 때문에 범죄를 없애기 위해서는 어린이들에게 복수심을 일으키는 여러 가지 요인을 없애야 한다는 것이다. 그 대신 아이들에게 사랑과 존경을 보여주지 않으면 안 된다는 니일의 주장을 이들은 적극 지지했다.

(3)니일은 비합리적이고 잔혹하며 경직화한 종래의 교육을 반대하고 교육에 인간미를 부여했다

이 점에서 니일을 평가한 사람은 에커만, 구드만(미국의 교육학자), 르샨(미국의 여성저술가), 로스만(미국의 대학운동가), 패들리 등이다.

이들은 니일이 1920년대의 교육방법의 불합리성과 잔혹성에 대하여 맹렬한 항의와 반대를 일으켜, 육아와 교육철학에 계속적인 논쟁을 불러일으켰다고 그의 공을 높이 평가했다.

서머힐 학교는 경직화한 교육에 대한 반작용으로 오웰이 지적한 "1984년대의 경향"인 복종, 권위주의적인 규칙, 개인으로서의 존재가 아니라, 조직 속에서 주어진 역할을 연출하는 인간, 경쟁과 점수 따기에서 초래되는 파멸에 반대하고, 교육에 인간미를 부여하는데 크게 공헌했다고 이들은 평가했다.

니일은 보다 좋은 교육을 탐구하도록 교육자와 부모들에게 영감을 주었는데 이것으로 니일의 공헌은 충분하며, 나머지는 후세의 사람들이 맡아 할 일이라고 했다. 즉, 전통적 교육의 권위의존 방법과 체벌주의에서 아동들의 첫째 요구가 사랑임을 사람들로 하여금 깨닫게 했다는 점에서 이들은 니일을 높이 평가했다.

(4) 니일은 수업시간의 출석을 학생의 자의에 맡기는 방법 등으로 교육의 형태와 교수법에 큰 변혁을 가져오게 했다

이 점에서 그를 높이 평가한 사람은 페파네크, 펀치, 구드만, 스튜어트, 패들리 등이다. 서머힐에서 수업시간의 출석여부를 학생의 임의에 맡긴 것은 교육의 형태와 교수법의 두 영역에서 철저한 변화를 수행한 것이라고 이들은 평가했다. 따라서 니일과 서머힐이 없었더라면 영국의 교육은 크게 빈곤했을 것이라 했다. 또 니일은 학생과 교사와의 친근성에 커다란 발전을 가져오게 했을 뿐 아니라, 어느 시대의 어느 교육가보다도 급진적인 교육관을 관철, 진보적인 교사들에게 용기와 격려를 주었다고 보았다.

(5) 니일의 개인적 인간성은 탁월했다

이러한 평가를 한 사람은 베틀하임, 홀트, 펀치, 르샨 등이었다. 니일은 인간으로서 그리고 교육자로서 위대한 인물이었으며, 뛰어난 청소년의 인간형성자였다고 이들은 보았다. 니일은 개인적 정직성과 고매성이라는 두 가지 덕목을 지녔고, 그의 인격에는 아무런 결점이 없었다고 이들은 지적했다.

(6) 니일은 사랑 · 자유 · 인정(認定)의 개념에 새로운 의미를 부여했다

이러한 평가를 한 사람은 프롬, 몬태규우, 홀트, 로스만 등이다. 니일은 생과 자유에 대하여 확고한 존경심을 갖고 힘의 행사가 저지르는 과오를 지적했으며, 그의 저서 "서머힐"은 사랑 ·

인정·자유 등의 개념에 새로운 의미를 부여했다는 것이다.

니일은 기본적인 진리인 사랑의 필요·자율, 자유에 수반되는 책임, 좋은 교사의 임무 등을 사람들에게 이해시킨 공적을 남겼다고 이들은 보았다.

(7) 서머힐은 사회변혁에 공헌했다

이러한 평가를 한 사람은 로스만, 왓슨, 몬태규우, 구드만 등이다. 이들은 니일이 자기의 과업이 소수의 아동들에게 행복을 가져다주는 일일 뿐이라고 했지만, 아동들의 행복과 전체로서의 사회, 변혁과는 관계가 깊어서, 서머힐은 고립된 섬 같은 존재이지만 이런 공간이 확대될 때 인간의 해방이 가능하다고 보았다.

서머힐은 현세계와는 다른 세계를 목표로 한 독창적인 학교로서 니일은 교육 속의 권위주의적인 통제와 국가의 독재주의에의 무조건 복종 사이에는 확실한 관계가 있음을 간파했었다고 말했다.

서머힐 학교에서 수업시간의 출석여부를 임의로 한 것은 현실에의 변혁이며, 어린이들에게 자치권을 부여한 것은 현실제도에의 도전이었다고 말했다. 따라서 니일은 시대에 앞선 사상가였다는 것이다.

(8) 니일은 사람들로 하여금 교육에 대한 반성과 올바른 교육을 모색케 하는 데 공헌했다

이러한 평가를 한 사람은 체파네크와 르샨 등이다. 니일은 교육의 궁극적 목적에 관해 사람들이 냉정히 다시 한번 생각해 보도록 했다. 니일 사상의 공헌은 영감인데, 그는 교육자와 부모들에게 영감을 주어, 그들이 인간성을 위한 교육에 더욱 마음을 쓰고, 더욱 사려 깊고 민감하게 관찰하여 보다 좋은 교육을 탐구케 하는 데 공헌했다고 그들은 평가했다.

부정적 평가

(1) 니일의 인간관과 아동관은 그릇되어 있다

이러한 비판을 한 사람은 레퍼티(미국의 교육 행정가이며 저술가), 에임즈(미국의 아동심리학자), 르샨, 페파네크, 베틀하임 등이다. 니일이 어린이는 본래 착하게 태어났기 때문에 도덕교육이 필요 없다고 주장한 것은 터무니없는 넌센스라는 것이다. 이들은 아동의 천성을 선하다고 믿은 니일의 안이하고 낙관적인 태도를 비난했다. 이들은 부모들이나 아동들에게는 공통된 인간성과 감정이 있으며, 마음씨 나쁘고 분별심 없고, 게으른 아동이 있는 것은 반드시 부모들의 잘못된 취급의 결과가 아니라, 크게 말해 인간 본성의 하나라는 것이다.

또 아동이 태어날 때부터 선하다는 루소와 니일의 사상은 진실과는 거리가 멀며, 이것은 아동이 악하게 태어나며, 원죄로 더럽혀져 있다는 이론만큼이나 틀린 생각이라고 비난했다. 따라서 어린이는 본래 착하게 태어났기 때문에 더 착하게 할 교육은 불필요하다는 니일의 주장은 잘못이라는 것이다.

(2) 니일이 지적 요소를 경시한 점은 그릇된 태도였다

이러한 비판을 한 사람은 프롬, 페파네크, 몬태규우, 애커만 등이다. 세계의 지적 파악의 중요성과 즐거움을 과소평가한 결과로 나온 니일의 학습경시 경향은 그릇되었다고 이들은 주장했다. 아동들에게는 학습과 생활의 새로운 모험으로 향해 나가도록 많은 자극을 주어야 함에도 불구하고 니일은 문화와 인간성의 배후에 있는 근원적인 것을 아동들에게 전해 준다는 중요한 점을 간과하거나 과소평가한 과오를 범했다고 이들은 평했다. 서머힐의 학업성적은 빈약했는데 어린이들로 하여금 "적극적으로 일하고 적극적으로 사는 능력을 발견케 한다"는 니일의 철학도 사회의 제문제를 처리해 가는 데 필요한 기초적 기술의 획득 없이는 불가능하다고 그들은 평했다.

(3) 니일은 프로이드 사상에 사로잡혀 성을 과대평가하는 오류를 범했다.

이러한 점에서 니일을 비판한 사람은 프롬, 르샹, 베틀하임, 레퍼티 등이었다. 이들은 니일이 프로이드의 가설에 너무 깊이 빠져서, 프로이드 이후에 발전을 보인 정신분석학의 새로운 이론을 전혀 외면한 채, 시대착오적인 프로이드주의에 끝까지 집착함으로써 자기의 이론을 전혀 수정하지 않았다고 비판했다. 그리고 니일이 인간행동의 동기를 성에 의해 좌우되는 것으로 보았던 것은 지나치게 단순한 견해라고 지적했다.

(4) 니일의 교육관과 학교관은 잘못돼 있다

이러한 점에서 니일을 비판한 사람은 르샨, 에임즈, 레퍼티, 헤친저 등이다. 이들은 교육의 목적이 인류가 수세기에 걸쳐 축적해 온 문화적 유산과 지적 수단의 전달에 있지, 행복의 발견에 있는 것이 아니라는 것이다. 또 학생에게 지식과 기능을 갖추게 하는 일과 행복한 인간이 되게 하는 일과는 상반된 것이 아님에도 불구하고 니일은 이것을 양립할 수 없는 상반된 것인 양 한쪽만을 강조했다는 것이다.

그리고 학교는 어디까지나 공부하는 곳이지 놀이터나 휴양지가 아님에도 불구하고 니일은 학교를 이상적인 가정처럼 만들어 수업 출석을 자유에 맡기는 등 어린이들이 마음대로 뛰놀며, 행복해 하는 장소로 잘못 생각했다는 것이다. 특히 어린이들을 학교에 맞추는 대신 어린이들에게 맞추는 학교이어야 한다는 니일의 학교관에 대해 이들은 강력한 비판을 했다. 이들에 의하면 학교는 사회의 일부 내지 축소판으로 볼 수 있는데 실제 사회는 결코 인간에게 맞추어지는 것이 아니다. 그 대신 인간이 어느 정도의 타협으로 그들 자신을 사회에 맞추어가며 사는 것이 현실인데도 한창 자라고 있는 아이들에게 주위가 자신들에게 맞추어지는 것으로 생각하게 했을 때, 그와는 반대인 현실사회와 부딪쳐 당혹과 혼란을 경험하게 되리라는 것이다. 그리고 각각 개성이 다르고 흥미가 다른 많은 아이들 모두에게 학교를 맞춘다는 것은 현실적으로 있을 수 없는 일이라는 것이다.

(5) 니일은 어린이들에게 지나치게 용인 주의적이었다

이러한 점에서 그를 비판한 사람은 몬태규우, 르샨, 윌비, 페파네크 등이다. 이들은 니일이 루소와 같은 생각으로 어린이들에게 지나치게 안이하고 낙관적인 태도를 보임으로써 초 용인 주의적이었다는 것이다. 그러나 아동과 성인과의 관계에서 지나친 자유인 용인주의는 억압이나 지나친 기대가 어린이들에게 치명적인 것과 마찬가지로 해롭다는 것이다.

또 니일은 어린이에 대한 육체적·도덕적 적당한 통제와 어른의 보복적 동기와를 혼동하고 있다고 이들은 비판했다.

(6) 니일의 이론은 지나치게 단순하다

이러한 점을 들어 니일을 비판한 사람은 르샨, 베틀하임, 월비 등이다. 이들은 니일의 기본이론이 완전히 루소와 같고 그의 이론전개는 지나치게 단순하며 어린이처럼 소박하기까지 하다는 것이다. 즉, 그는 심리학의 복잡성을 이해하지 못하고, 그저 어린이의 편이 되어주는 것만으로 모든 일이 잘 돼간다고 생각했으나 사실은 아이들이 니일을 닮아간 것뿐이었다고 그를 비판했다.

(7) 니일은 서머힐 교육의 실패원인을 가정에 돌리고 있으나, 이것은 잘못된 것이다

이러한 비판을 한 사람은 펀치, 에임즈 등인데, 이들은 니일이 어린이들의 잘못을 거의 전부 그들의 부모의 탓으로 돌리고, 서머힐 교육의 실패도 그들의 가정이 나빴기 때문이라고 말하고 있으나 이것은 그릇되었다는 것이다.

1년 중 3분의 2를 학교에서 지내고 있는 아이들의 교육이 잘못되었다면 그것은 가정이 아니라 학교의 책임이라고 니일의 말을 비판했다.

(8) 서머힐은 사회와 유리된 하나의 섬이다

이러한 비판을 한 사람은 르샨, 구드만 등이다. 이들은 폭발적 인구증가와 도시화, 그리고 기술하부구조의 노예가 되어 스스로 통제할 수 없는 비인간화의 사회가 되어가고 있는 오늘날에 있어서 서머힐의 이론은 이러한 가혹한 기계문명의 세계에 적용시킬 수는 없는 것이다. 따라서 서머힐은 신비적인 비현실의 섬이며 인간들의 고뇌로 가득 찬 넓고 거친 바다와 같은 일반사회에는 그의 교육이론은 맞지 않다는 것이다.

다음으로는 수가 적어 앞에 열거하지 않았어도 제기된 평가 또는 비판 가운데에서 지나친 과대평가나 잘못된 과대비판을 지적해 볼까 한다.

첫째, 컬킨은 서머힐을 가리켜 "성스러운 장소", 니일의 저서를 가리켜 "성스러운 책"이라고 불렀는데, 이는 과장된 표현, 즉 지나친 찬사가 아닐 수 없다. 컬킨은 예수회파 신부라는 신분이었으므로 이러한 표현이 설교 등에서 흔히 쓰이는 익숙한 말로서 대수롭지 않게 생각해서 쓴 것인지는 모르나, 저자가 보기에는 이것은 니일과 서머힐에 대한 종교적 맹신에 가까운 태도로서, 니일이 바로 경계했던 태도였다고 생각된다.

컬킨이 니일의 저서 "서머힐"은 지혜와 사랑에 수반되는 모든 미덕으로 충만한 "성스러운 책"이라고 말했으나 이것은 마치 니일의 저서를 또 하나의 성서로 보는 듯이 들린다. 그러나 니일은 생시에 자기가 죽은 후, 자기의 추종자들이 어떤 상황 때마다 "니일은 이렇게 말했다" "니일이라면 이렇게 했을 것"이라는 식으로 매사에 자기를 끌어들이며 표준을 삼을까봐 두렵다고 말했다. 그리고 그는 또한 후세의 사람들이 더 좋은 교육의 방법을 발견하여 자기의 주장은 멀지 않아 버려질 것이며, 또 그래야만 할 것이라고 말했다. 이 점에서 컬킨의 평가는 과장됐고 니일의 개혁적인 정신을 제대로 이해하지 못하고 오히려 손상시킬 위험성마저 있는 지나친 평이라고 생각된다.

둘째, 베틀하임은 니일을 인격에 아무런 결점이 없는 큰 인물이라고 평했다. 니일이 정직하고 유머와 직관력이 풍부한 여러 가지 미덕을 지닌 큰 인물이었음에는 틀림이 없으나 그도 신이 아닌 인간인 이상 그의 인격에 아무런 결점이 없었다는 말은 지나치게 과장된 말로 생각된다. 어떤 점에서 그에게도 결점이 있었던가에 대해서는 다음에 논하기로 한다.

셋째, 레퍼티(미국의 교육행정가)는 니일을 가리켜 "교육매춘업자" 또는 "교육 돌파리 의사"라고 혹평하고 그의 교육사상은 사기이며, 시대착오적인 루소 사상의 신석기시대 판이라고 비난했다. 그리고 이어 레퍼티는 자기의 아이들을 서머힐에 넣느니 차라리 매춘굴에 넣겠다고 말하여 서머힐을 매춘굴 보다 못한 곳으로 규정했다.

레퍼티가 니일에 대하여 특히 비난한 초점은 니일이 유아기에 있어서의 이성애(異性愛)의 유희가 건전하고 균형 있는 성생활에 도움이 된다고 말한 점이다. 그러나 이러한 의견, 즉 어려서의 성적 유희에 대한 지나친 금지는 성에 관한 죄악감이나 불결감을 조성시키고, 이것이 훗날의 행복하고 건전한 성생활에 방해가 된다고 하는 의견은 유독 니일만의 것은 아니다. 그럼에도 불구하고 이에 대해 지나치게 흥분하고 비난한 레퍼티 자신이야말로 너무 보수적인 생각의 소유자로 느껴진다.

또한 니일이 아이들의 자유연애·자위·집단연애를 용인한 것은 성적 부도덕을 조장하는 것이 된다고 통렬히 비난하고 서슴없이 니일을 "교육매춘업자"라고 불렀는데, 레퍼티의 이러한 태도는 금욕생활을 하거나 결벽증이 있는 사람들이 곧잘 보이는 육체에 대한 심한 혐오감과 인간에 대한 강한 증오감을 느끼게 한다. 따라서 이러한 레퍼티의 비난은 지나치게 감정에 쏠린 비판의 인상을 준다.

넷째, 펀치는 서머힐을 비롯한 진보주의학교의 학생사회가 획일적이고 엄격하고 관용이 없다고 말했다. 그러나 저자의 견해로는 서머힐의 사회에서 전적인 자유와 무한정의 관용이 허용되지 않는 것이 사실이라 하더라도 서머힐 이외의 사회, 혹은 일반 학교사회에 비해서는 그곳에서 훨씬 많은 자유가 허용되고 있으며, 덜 엄격하고 관용스럽다고 볼 수 있을 것 같다. 그리고 아이들에게는 무한정의 자유나 관용은 불필요하며, 이것이 허용된다면 오히려 아이들에게 해로울 것이라고 생각한다. 왜냐하면 인간은 여러 사람들이 모여서 생활하고 공동사회 속에서 살아가야 하며, 그러기 위해서는 그 사회의 규율에 따라 살아갈 줄을 알아야 한다. 그렇지 못하다면 반사회적 인물이 되어 행복해지기는커녕 오히려 불행해질 것으로 생각되기 때문이다. 따라서 펀치의 비판은 그릇된 것으로 생각된다.

저자의 평가

(1) 장기간의 교육실험

과거뿐만 아니라 현재에도 여러 가지 교육실험이 많은 사람들에 의해 도처에서 행해졌고 또 행해지고 있다. 그러나 자유가 교육에 있어 어떠한 작용을 하는지를 알아보기 위한 한 가지 실험이 니일이라는 한 사람에 의해 반세기 이상에 걸쳐 꾸준히 행해져 왔으며 그의 사후인 오늘날까지도 계속되고 있다는 사실은 교육개선을 위해 이룩한 인간노력의 하나의 위대한 성과이며, 결정이라고 볼 수 있을 것이다. 그리고 이렇게 오랜 기간에 걸친 하나의 실험이 행해질 수 있었던 것은 개인의 자유가 최대한도로 허용되는 영국이라는 나라였기 때문에 가능했다는 사실과, 니일 개인의 완고할 정도로 꾸준하고 끈질긴 성격, 그리고 90세나 산 그의 장수(長壽)덕택으로 생각할 수 있다. 따라서 이러한 실험이 앞으로 어디서나 누구에 의해서나 쉽사리 또 행해질 수 있으리라고는 생각하기 어렵다.

(2) 생중시(生重視) 및 행복우선(幸福優先) 사상

인간의 생명의 가치가 경시되고 있고 기계문명 속에서 비인
간화의 경향으로 치닫고 있는 것이 오늘날의 세계이다. 이러한
속에서 니일이 인간의 생명과 생활을 소중히 생각하고, 인간성
과 인간의 행복을 최우선적으로 생각한 것은 현대인들에게 인
간회복의 중요성에 대한 각성을 촉구해 주었다.

(3) 개인의 자유와 행복의 옹호

개인의 자유와 행복, 그리고 전체 사회의 질서와 발전이라는
서로 상충(相衝)되기 쉬운 문제에서 니일은 끝까지 개인의 자유
와 행복을 옹호하는 편에 섰다. 그리고 어떠한 명목으로든지 인
간이 수단시(手段視)되는 것에 반대했으며, 인류가 보다 평화롭
고 행복해질 수 있는 길을 그 나름대로 모색하여 제시했다.

(4) 어린이 본성의 발견과 존중

니일은 자유 속에서 생활하는 어린이들을 관찰하여 그들의
본연의 모습과 기본적인 욕구를 발견하고 이를 세상의 부모와

교사들에게 알려줌으로써 큰 공헌을 한 점을 높이 평가한다. 이를 앎으로써 그들은 보다 좋은 부모와 교사가 될 수 있었다.

(5) 감정교육의 중시

니일은 인간행동을 좌우하는 것이 두뇌가 아니라 무의식과 감정임을 강조함으로써 두뇌일변도의 오늘날의 교육을 재검토해 보도록 했다. 그리고 진정한 올바른 교육이 무엇인지를 사람들로 하여금 숙고해 보도록 자극했다.

(6) 획기적인 문제아 지도방법

니일은 습관적으로 물건을 훔치는 문제아들에게 훔칠 적마다 벌 대신 상(賞)을 주어 도벽을 고친 비상식적이고 획기적인 문제아 지도방법을 사용, 큰 성과를 거두었다. 이것은 "증오는 증오를 키우고, 사랑은 사랑을 키우는 심리학적 원리"에 입각하여, 증오를 의미하는 엄벌이 아니라 상으로서 표현되는 사랑과 인정과 자유로운 분위기가 문제아를 구할 수 있을 뿐만 아니라 문제아를 만들어 내지 않는 길임을 보여주었다.

체벌·정학·퇴학·구금 등 엄격한 단속에도 불구하고, 학교 안과 밖에서 청소년의 비행은 날로 증가, 포악해져 가는 추세인 오늘날, 가정 · 학교 · 사회에서의 종래의 청소년지도방법을 대폭적으로 검토 반성하고 효과적인 방법을 모색하게 하는데 니일은 커다란 시사를 제공해 주었다.

(7) 민주시민 양성의 방법제시

니일은 완전한 민주적 자치형태로 학교생활을 이끌어 갔으며, 아이들은 공동생활 속에서 방종이 아닌 참다운 자유를 누릴 줄 아는 자율적이고 개성 있는 훌륭한 민주시민으로 자라갔다.

민주사회 건설에 선행되어야 할 필수적인 조건은 장래의 훌륭한 민주시민의 양성이다. 특히 민주복지사회 건설을 표방하여 박차를 가하고 있는 오늘날의 우리에게 니일은 민주시민양성의 길을 제시함으로써 시사를 주고 있다.

(8) 탁월한 문장력

대학에서 영문학을 전공한 바 있는 니일은 대학 재학 중에 일간신문 현상 논문모집에 일등 당선한 적도 있는 언론계 지망의 청년이었다. 결국 그는 교육개혁가가 되었으나, 젊어서부터 세상을 떠날 때까지 꾸준히 많은 글을 발표하고 19권의 저작을 남김으로써 그의 사상을 세계에 널리 알렸다. 그의 문장은 쉽고 간결하며 유머와 위트에 넘쳐 있으며, 솔직함과 성실성 그리고 인간성에 대한 깊은 통찰로 차 있어서 읽는 사람의 마음을 사로잡는다. 따라서 그의 책은 일찍이 "교육에 관해 쓰여진 가장 재미있는 책"이라는 평을 들었다.

이 세상 어느 곳이든지 누군가에 의해 니일 못지 않은 새로운 교육실험이 시도되고, 또 훌륭한 성과를 거두었을 수도 있다. 그러나 그것이 세상에 널리 알려지지 못했기 때문에 세상의 평가나 주목을 받지 못한 채 사라져 버렸을 가능성은 많다. 따라서 니일의 성공은 그의 사상과 그의 끈기와 그의 문재(文才)가 합쳐 이룩한 성과로 볼 수 있을 것 같다.

(9) 미래지향적이고 낙관적인 사상과 겸허한 태도

니일은 자유교육을 통해 평화롭고 민주적이고 행복한 세계를 이룩할 수 있으리라는 낙관적인 확신을 가지고, 서두르거나 실망하는 일 없이 꾸준히 노력한 사회개혁가이며 사상가였다.

그러나 그는 자신을 사상이나 서머힐을 통한 업적을 남들이 평가하고 생각하는 만큼 스스로는 크게 생각하지 않았다. 그는 자기의 과업은 소수의 어린이들에게 행복을 주는 일일뿐이라고 말하면서 중요한 일은 자기의 학교가 아니라 그 기본정신이라고 했다. 그러나 자기의 교육사상이나 교육방법은 후세인들이 보다 좋은 방법을 발견함으로써 멀지 않아 버려질 것이며, 또 그래야만 한다고 했다. 이러한 니일의 겸허한 태도는 높이 평가하지 않을 수 없다.

다음에는 그에 대한 비판을 가해볼까 한다.

(1) 인간의 불행과 전쟁에 대한 지나치게 안이한 견해

니일은 인간의 불행과 전쟁의 근본적인 원인이 어른들의 어린이에게 가하는 억압과 강제, 특히 성적인 억압에 있다고 주장하였다. 따라서 어린이들에게서 이러한 억압을 제거하고 그들을 자유롭게 해주었을 때, 아이들은 행복해지고 인류사회의 증오와 전쟁 등 갖가지 불행도 사라지리라고 주장했다. 그러나 이러한 니일의 견해는 이 세상의 여러 가지 현상을 지나치게 단순하게 보고 안이하게 생각한 느낌을 준다. 왜냐하면 이 세상의 불행의 원인에는 니일이 지적한 원인 이외에도 너무나 많은 것이 있다. 예를 들어 지진·홍수·가뭄 등 천재지변에 의한 것, 여러 가지 질병과 예기치 않았던 각종 사고·빈곤, 우리나라의 남북분단과 같은 개인으로서 불가항력적인 사랑하는 사람들과의 별리(別離), 부모로부터 물려받은 외양과 피부색깔, 끊임없는 욕망과 달성되지 않는 꿈, 이러한 모든 것이 자신으로서는 어쩔 수 없는 인간 불행의 원인이 될 수 있다.

전쟁의 원인만 하더라도 니일이 지적한 대로 인간내부의 증오심이 원인일 수도 있다. 하지만 그보다도 자원이 부족한 좁은 땅덩이 위에서 많은 인간들이 살아가려 할 때 거의 자연발생적으로 일어나게 되는 것이 생존경쟁이며 전쟁이라고도 볼 수 있다. 따라서 어린이들에게 자유를 주는 것만으로 인간의 불행을 없애고, 전쟁을 막을 수 있으리라 생각하는 것은 지나치게 낙관적이고 안이한 견해라 볼 것이다. 그것을 어느 정도 줄일 수 있을지는 몰라도 말이다. 따라서 니일의 관점은 일면적(一面的)이고 한정된 편협한 것이었다고 말할 수 있다.

(2) 성에 대한 과대평가

니일은 인간에게 있어 성생활의 결여나 성적 억압은 신경증을 유발하고 신체적·정신적 질병과 모든 불행의 원인이 된다고 말했다. 그러나 이 세상에는 행복한 성생활을 영위하면서도 불행한 사람이 많이 있는가 하면, 종교적인 이유나 그 밖의 이유로 독신생활을 하면서도 행복하고 성공적인 생활을 누리는 사람도 있다. 니일의 견해에 의하면 이들은 모두 문제의 덩어리이며 심히 불행한 존재이어야 한다. 그러나 반드시 그렇지만은 않은 것이 현실이니, 니일의 견해는 프로이드 심리학에의 지나친 집착과 자신의 개인적 경험에 바탕으로 한 편견이었다고 볼 수 있다.

(3) 학과 및 교수법 경시경향

학과공부는 그것을 배우려는 사람에게만 중요한데 그러한 사람은 학과가 어떠한 방법으로 가르쳐지던 기어이 배우고야 말기 때문에 교수법은 중요치 않다는 것이 니일의 생각이었다. 그는 또 오늘날의 학교에서 가르치고 있는 학과공부는 생활에 아무런 도움을 주지 않고 젊은이의 시간과 정력만을 낭비시키는 따분하고 진력나는 것이라고 곧잘 말했다. 그러면서도 그는 이러한 학과공부가 시간과 정력의 낭비가 아니고 생활에 도움을 주는 유익하고 흥미로운 것이 되게 하려는 노력은 아예 해볼 생각을 안 했던 것 같다. 이러한 점이야말로 니일 교육론의 커다란 약점의 하나였다고 생각한다. 종래의 학과내용을 그대로 방치한 채 비판만 할 것이 아니라, 그 내용의 개선에 좀 더 적극적으로 마음을 썼어야 했다. 그 밖에 교수법의 개량에도 좀 더 연구와 신경을 쓰는 것이 진보적 실험학교로서 옳은 자세가 아니었을까 하고 생각하게 된다.

(4) 부모에 대한 나쁜 선입견

니일은 그 자신의 어려서의 경험에 영향 받아서인지 세상의 부모들에 대한 선입관이 좋지 않았다. 따라서 그의 서머힐 학교의 교육도 부모들로부터 떠나온 아이들이 교사들과 다른 아이들과 함께 다른 가정을 이뤄 생활하는 것이었다고 볼 수 있다. 그러나 세상의 부모들 중에는 니일이 생각하듯 어린이들의 생활에 억압과 권위와 강제만을 행사하는 사람도 있지만 그렇지 않은 부모들도 있다. 그리고 적어도 그 부모들은 좋은 부모가 되는 방법을 모를지 모르나, 좋은 부모가 되고자 하는 의도만은 충분히 갖고 있다고 볼 수 있다. 따라서 니일이 세상의 부모들을 아이들의 생활을 불행하게 만드는 존재로 배척하고 방치할 것이 아니라, 보다 좋은 부모가 되는 길을 좀 더 구체적으로, 좀 더 친절히 제시해 주어야 하지 않았을까 하는 생각이 든다. 어린이들이란 영원히 그들의 부모가 있어 존재하는 것이고, 세상 전체의 어린이들을 행복하게 해주는 가장 빠르고 확실한 방법은 그들의 부모를 좋은 부모가 되게 하는 길이라 생각되기 때문이다.

(5) 자유와 방종의 한계와 행복의 정의에 대한 불충분성

니일은 남의 자유를 방해하지 않는 한, 자기가 하고 싶은 일을 하는 것이 자유이고, 방종은 남의 자유를 간섭하는 일이라고 했다. 그러나 이러한 설명만으로는 남의 자유를 존중하면서 동시에 자기 자신의 자유를 누린다고 하는 서로 상충되는 이 문제의 명확한 한계와 기준을 알기 어렵다.

니일은 인생의 목적과 교육의 궁극적 목적이 아울러 행복에 있다고 했다. 그리고 행복의 의미를 생에 대한 흥미와 선, 내적인 안정감, 생에 대한 만족감, 그리고 억압을 되도록 적게 받음으로써 신경증과 갈등의 이중생활로부터 놓여진 상태라고 설명했다. 그리고 이러한 행복이 얻어지려면 일체의 권위와 억압이 배제되고 사람에게 자유가 주어져 그 자신으로서의 생활이 허용되어야 한다고도 말했다. 행복의 중시라는 취지는 좋으나 이러한 그의 설명만으로는 행복의 의미 파악이 불충분하다고 하겠다.

제6장
니일 교육사상의 역사적 의의

니일 교육사상의 역사적 의의

니일 교육사상이 갖는 그 역사적 의의에 대하여 헤친저, 에커먼, 홀트, 끝으로 저자가 갖는 견해를 서술해 볼까 한다.

미국의 저명한 교육평론가인 헤친저는 니일에 대한 다음과 같은 평가와 함께 그 역사적 의의를 지적했다. 그는 서머힐을 학교가 아니고 "종교"라고 했는데, 이유는 사람들이 서머힐에 개종하지 않더라도 호기심을 느끼고 예찬까지 하기 때문이라는 것이다. 서머힐 신앙의 근본교리는 어린이라는 것은 어른의 압력이나 영향을 전혀 받지 않으면 미리 운명 지워져 있는 선한 인간으로 되는 완전한 종자라는 것이다. 이런 니일의 견해는 루소의 고상한 야만인의 개념과 비슷하며, 다른 점이 있다면 니일은 루소와 달리 어린이에게 야만성이 없다고 생각하는 경향이라고 했다. 이런 신앙에 입각하여 서머힐은 가능한 한 모든 억압적 영향을 없앤 장소가 되게 했다. 그러나 마치 교회나 사원이 인간의 타락으로부터 격리된 에덴 동산이 되지 못하듯이 서머힐도 완전한 성공을 거두지는 못했지만 당초의 이상에 접근한 점에서 경이적인 성공을 이룩했다고 봄이 공정하다고 했다.

서머힐이 종교인 이상, 모든 종교가 그렇듯이 광신으로 증류(蒸溜)된 신앙은 위험하다고 했다. 그러나 서머힐에는 의도와 정신에 있어, 본질적인 선이 있으므로 조정된 방식으로 적용하면 어린이 교육에 가장 유익할지 모른다고 말했다.

그는 서머힐을 규모와 설비 면에서도 학교라기보다는 오히려 가정, 가정 중에서도 이상적인 가정으로 보았다. 따라서 성자적 역량을 지닌 니일이 없는 서머힐이 존속할 수 있으리라 생각할 수는 없다고 단언했다.

그러면 헤친저가 본 니일 교육철학의 결점은 무엇인가? 그는 특히 기묘한 반주지주의적(反主知主義的)경향을 들었다. 니일은 모든 학문적 가치관에 대해 거의 광기(狂氣)와 같은 자세로 반발한다는 것이다. 니일이 자기 방식을 비강제주의라고 주장하지만 가르치는 사람의 모델과 생활방식이 아무리 그 도가 부드럽다 하더라도 학생들을 강제함에는 다름이 없으며 서머힐이 비지성적인 것을 존중한다는 것을 나타낸 것이라고 주장했다.

니일이 무미건조한 학습방식을 배격하는 것까지는 옳은 일이라고 하더라도 학습보다 유희에 더 가치를 부여한 것에는 동의할 수 없다는 것이다. 그에 의하면 현재까지의 인류역사나 교육사에서 어린이가 어른의 지도 없이 방치됐을 때 어린이 스스로가 그의 가능성의 한도까지 발전한다는 증거는 나타나지 않았다는 것이다. 니일의 주장으로는 학자가 될 선천적 능력이 있고, 또 학자가 되고 싶어하는 어린이는 학자가 될 것이고, 거리를 청소하는 데나 적합한 어린이는 청소부가 될 것이지만, 행복하기는 다 마찬가지라는 것인데, 헤친저는 이것을 프로이드 이론의 지나친 확대라고 비판했다. 학자가 되기 위해서는 학자적 소질을 타고나야 한다는 것은 당연하지만 그렇다고 잠재적 소질 하나만으로 모두 학자가 될 것으로 기대하는 것은 현실적이 아니며, 학자가 되도록 어른이 지도하는 것이 교육의 중요한 임무라고 주장했다. 따라서 니일의 교육이론에는 경계와 분별을 요하며, 부모와 교사들의 무간섭주의를 장려하고 헌신적인 사랑과 정의와 선이 무엇인지를 가르치는 일을 소홀히 하는 경우에는 서머힐의 이론은 지극히 위험한 독약이 될 수도 있다고 그는 경고했다.

그러나 이러한 여러 가지 한계에도 불구하고 니일의 사상은 영원히 살아남으리라고 헤친저는 다음과 같이 말했다.

"서머힐은 대중교육을 위한 모델로서의 여러 가지 한계에도 불구하고 결코 사멸할 것 같지 않는 세계에서 가장 강력한 사상의 하나이다. 그 사상이 니일과 같이 다이나믹하고 카리스마적인 힘으로 표현된 일은 별로 없었지만 니일 이전에도 살아 있었다. 이 사상은 인간이 살고 교육받는 한, 비록 핵분열은 있을지 모르지만, 니일 사후에도 계속 살아 있을 것이다."

헤친저는 어린이를 사랑하는 부모라면 서머힐에 관해 알아야 한다고 말했다. 니일의 신앙을 전면적으로 받아들일 것을 거부하더라고 어린이다운 생래적인 충동·호기심, 그리고 창조력이 발달되는 것을 바란다면 자기 아이들이 어떻게 하면 현재보다 더 행복하게 될 수 있는가를 상상해 볼 의무가 있다고 그는 말했다.

광기와도 같은 이 번영의 시대에 물질적 성공을 목표로 하여 상급학교에 진학하는 것을 경멸한 니일의 사상은 자기 자녀의 성공으로써 자신의 야심을 채우려는 부모의 생각이 야만과 같은 정신적 잔학이라는 사실을 일깨웠다고 그는 지적했다. 현대의 사회적·정치적 가치관에는 너무도 많은 오류가 있으므로 마음속으로부터 나오는 니일의 호소는 모든 사람에게 있어서

인도주의적 공헌이라고 말했다.

또 니일의 사상이 1920년대의 미국 진보주의 교육운동과 직결되는 선에 있으나 실제로는 거기에 기본적인 차이가 있다고 지적했다. 즉, 미국의 초기 진보주의는 생활에 적응하는 교육을 광적으로 신봉했고, 그중 급진적인 유파들은 학교를 사회변혁 내지 심지어는 혁명의 도구로 생각했다. 그러나 니일은 어린이를 그 사회의 부패와 불모의 생존경쟁에 적응시키기를 명백히 거부했다. 이 점이 니일의 큰 공헌이라고 헤친저는 말했다.

애커만은 "서머힐에 대해 찬성이냐 반대냐의 일방적 입장을 취하는 것은 나의 견해로는 어리석은 행동의 극치이다. 중요한 것은 교육에 대한 니일의 견해가 옳으냐. 그르냐가 아니고, 그러한 실험이 있었다는 사실"이라고 했다.

홀트는 니일론에서 "중요한 것은〈시작〉이다. 인류사상의 어떤 위대한 선구자라 할지라도 최악의 사태는 그의 사상이 후세의 제자들이나 숭배자들의 손에서 정체(停滯)되고 마는 일이다. 그들은 선각자들의 생생하고 멈추지 않고 끊임없이 변화하는 사상을 받아서 한 자도 빠뜨리거나 바뀌지도 않도록 화강암에다 새겨 넣으려 한다. 그러면 선각자의 말은 남을지 몰라도 그

정신은 곧 사라져 버린다.〈보수주의자란 죽은 진보주의를 신봉하는 사람〉이라고 한다. 이것은 어디에서보다 교육에서 더 진실한 말이다. 우리는 바로 몬테소리와 듀이를 생각한다. 만약 니일에게도 이 같은 일이 생기면 비극일 것이다. 이 비극을 막고 니일을 그에게 상응할 만큼 충분히 영광되게 하는 길은 그가 시작한 탐구를 계속하고, 인간의 자유와 행복 그리고 성장의 미답(未踏)의 영역으로 더욱 전진해 가도록 노력하는 일이다. 그러므로 우리는 니일의 사상과 저작과 노력과 서머힐을 최종의 일보로서가 아니라 최초의 일보로서 받아들여야 할 것"이라고 말했다.

끝으로 저자가 보는 니일 사상의 의의를 서술해 볼까 한다.

첫째, 니일은 인간생활과 교육에 있어서 사랑의 가치의 중요성을 다시 한 번 고창했다. 어린이에 대한 사랑, 인간의 생에 대한 사랑이 그의 사상의 기초를 이룬 니일은 그리스도 이후, 인류가 간직하고 있으면서도 경시하고 방치해 온 사랑의 진정한 의미와 가치를 사람들로 하여금 다시 한 번 숙고 음미하도록 일깨웠다. 그리하여 그는 사랑을 인간생활의 가장 기본적인 윤리기준으로 삼게 하는 데 공헌했다. 그는 또한 사랑의 원리를 교육에 어떻게 적용시킬지와 그 힘을 자기 학교에서의 예를 통해 세상에 보여 주었다. 따라서 니일은 교육사상 유례없이 위대한 교육애의 소유자였고, 교육에 있어서의 사랑의 힘과 필요성을 강조했던 페스탈로치 이후 가장 두드러진 "사랑의 교육자"였다고 볼 수 있다.

둘째, 니일은 성선설적인 인간관과 두뇌가 아닌 감정을 중시하는 교육을 주창함으로써 영원히 계속되는 인류의 논쟁에서 한쪽의 입장을 다시 한 번 분명히 지지했다. 인간의 본성을 선하게 보느냐 악하게 보느냐의 문제는 고금과 동서를 막론하고 사상가들 사이에서 끊임없이 되풀이되어오는 논쟁점이다. 어쩌면 이것은 인류가 존속하는 한 영원히 계속될 문제일지도 모른다. 그런데 니일은 서양에서 루소가 주창했던 성선설적인 입장을 2백 년 후에 다시 한 번 강하게 지지한 것이다.

교육에 있어 두뇌를 중시할 것이냐 감정을 중시할 것이냐 하는 문제 역시 인간의 본성에 관한 논쟁만큼이나 되풀이되어 온 논쟁점이었다. 여기서 니일은 감정을 중시해야 한다는 입장을 분명히 취함으로써 두뇌중시의 교육이 주류를 이루고 있는 현대의 교육에 반기를 들었다. 그리고 지적 교육 일변도로 치닫고 있는 오늘날의 교육에 그의 사상이 어느 정도의 브레이크 역할을 했다고 볼 수 있다.

셋째, 교육에 인간미를 부여하는 데 크게 기여했다. 니일이 처음 자기의 학교를 세웠던 1920년대와 1980년대의 학교를 비교해 보면 여러 면에서 변화와 진전을 보였다. 많은 자유의 허용, 체벌의 폐지, 어린이의 흥미중시, 교사와 학생 사이의 친밀감의 증진 등, 이런 것이 반드시 니일만의 공헌이라 말할 수는 없지만, 이런 변화를 가져오게 하는 데 니일의 사상과 그의 교육실험과 저서들이 크게 기여했다고 볼 수 있을 것이다. 그런 뜻에서 니일은 비인간적인 요소를 지녔던 종래의 교육을 보다 인간미 넘치는 교육으로 바뀌게 하는 데 기여했다는 점에서 높이 평가할 수 있다. 니일이 처음 그의 사상과 교육방법을 주창했을 때, 그 당시로서는 매우 앞선 것이었지만 오늘날에 와서는 그다지 새롭거나 혁신적인 것이 아니다. 다만 수업시간 출석을 학생들 임의에 맡기는 일과 성적(性的)자유에 대한 생각 등은 현재로서도 지나치게 급진적인 것으로 일반에게 용납되지 않고 있어 앞으로의 귀추가 주목된다.

넷째, 그의 어린이의 본성에 대한 관찰과 상호존중의 자유개념 등은 어른과 어린이들의 평화적인 공존방법을 제시해 주었다. 사랑과 평화의 보금자리이어야 할 가정이 흔히 어른과 아이들의 끊임없는 충돌과 대립의 장소일 경우가 많다. 흥미와 가치기준이 다르고 요구가 서로 다른 어른과 어린이 세대가 이러한 대립을 그치고 어느 한쪽도 지나치게 희생되거나 지배받는 일없이, 상호존중의 타협적 방법으로 평화 공존하는 방법을 제시해 주었다. 이것은 어린이들을 위한 일종의 인권선언과도 같은 것이라 생각된다.

다섯째, 서머힐은 그 시대적 사명을 완수했다. 니일의 사상에는 많은 논란의 대상이 될 문제가 남아 있지만, 그의 숭고한 인간존중의 기본정신은 인정해야 한다. 따라서 언젠가 서머힐이 문을 닫더라도 그것은 아프리카 밀림 속의 슈바이처 병원이 반세기만에 폐쇄의 위기에 직면했던 것과 다름이 없다. 슈바이처 병원이 폐쇄되더라도 그것은 시대적 사명을 다한 것이다. 마찬가지로 니일이 없는 서머힐이 언젠가 폐쇄된다 하더라도 그것은 큰 문제가 아니다. 서머힐은 그 시대적 사명을 다한 것이다.

여섯째 서머힐의 정신은 영원불멸의 것으로 남아, 후세인들에 의해 계승 발전되어야 할 사상이다, 니일은 자기가 죽은 후, 보다 좋은 사상이 후세 사람들에 의해 발견됨으로써 자기의 방법이 멀지 않아 버려질 것이며, 또 그래야만 한다고 했다. 그런데 니일이 제창한 자유를 통한 평화롭고 민주적인 행복한 세계의 건설이라는 이상은 좀처럼 달성될 가망이 보이지 않는다.

그것은 인류가 영원히 갈망하는 세계이기도 하다. 따라서 그의 이상은 인류가 지구상에 존속하는 한 계속 살아남아, 시대와 장소를 초월하여 계속 추구되어 가야 할 것이다. 그리고 그의 이상과 교육방법을 꾸준히 검토 발전시킴으로써 미래를 위한 교육의 개선에 크게 이바지할 수 있는 교육이론이 발견되리라 생각한다.